Mi Pa

ALISTANDONOS
PARA EL ENCUENTRO CON JESUS

Pacific Press® Publishing Association
Nampa, Idaho
Oshawa, Ontario, Canada

Título de este libro en inglés:
My Covenant—Getting Ready To Meet Jesus
Traducción: Tulio N. Peverini
Diseño de la portada: Bill Kirstein / Tim Larson
Diagramación: Ariel Fuentealba

Los autores asumen plena responsabilidad por la exactitud de los hechos y citas mencionados en este libro. A no ser que se indique de otra manera, todas las citas de las Sagradas Escrituras están tomadas de la versión Reina-Valera, revisión de 1960.

Editado e impreso por
PUBLICACIONES INTERAMERICANAS
División Hispana de la Pacific Press® Publishing Association
• P.O. Box 5353, Nampa, Idaho 83653, EE. UU. de N. A.

Primera edición: 1999
ISBN 0-8163-9446-6

99 00 01 02 03 • 5 4 3 2 1

Printed in the United States of America

Contenido

Prólogo

La oración de Jesús en favor de su pueblo es particularmente conmovedora hoy en día: "No ruego que los quites del mundo, sino que los guardes del mal. No son del mundo, como tampoco yo soy del mundo. Santifícalos en tu verdad; tu palabra es verdad" (Juan 17:15-17).

El cumplimiento impresionantemente veloz de las profecías del tiempo del fin, mientras que el mundo que nos rodea se precipita en tirabuzón hacia una catástrofe moral, económica, ambiental y espiritual, sólo puede hacer que aquellos que están "alistándose para el encuentro con Jesús" reflexionen seriamente en aquella oración.

Aunque como adventistas del séptimo día puede ser que nuestro pequeño mundo de alguna manera esté aislado de todo lo demás, es un hecho que vivimos en el mismo centro de una sociedad saturada de materialismo, secularismo y relativismo, y no estamos inmunes a esas actitudes y costumbres irreligiosas y opuestas a Dios.

¿Puede acaso sorprendernos que nuestro Señor busque al Padre para que "los santifique mediante la verdad", a saber, la Palabra? Esa oración, sin embargo, solamente puede ser contestada cuando usamos aquello que nuestro gran Dios ha puesto a nuestra disposición con ese propósito: las Escrituras. ¿Y acaso puede llamarnos la atención el hecho de que él proveyó una mensajera especial para estos tiempos, la cual constantemente llamaría a su iglesia a volver al estudio de su Palabra, proveyendo iluminación sobre esa Palabra?

Probablemente nunca ha habido un tiempo en la historia del mundo en el que el pueblo de Dios ha tenido una necesidad mayor de ser "santificado" por la Palabra. Note esta apelación hecha por nuestra profetisa, Elena de White, al escribir en la *Advent Review and Sabbath Herald*, y publicada el 22 de noviembre de 1892: "Que todo aquel que afirma creer que el Señor viene pronto escudriñe las Escrituras como nunca antes; porque Satanás está decidido a ensayar toda estratagema posible para mantener a las almas en la oscuridad, y enceguecer la mente respecto a los peligros de los tiempos en los que estamos viviendo".

¿No querrá unirse a nosotros en la decisión de que el estudio de la Escritura y la lectura de los mensajes especiales de Dios para estos últimos días a través del espíritu de profecía ocuparán un lugar central en nuestras vidas, en esta hora cuando nos alistamos para el encuentro con Jesús?

AL y FRANCES McCLURE

Reconocimientos

Este libro ha sido preparado por una comisión especial de énfasis espiritual de la División Norteamericana, instituida para explorar caminos a fin de renovar el estudio de la Biblia y el espíritu de profecía dentro de la iglesia. Un buen número de sus miembros contribuyeron al contenido del libro. Miembros de la comisión a la par que contribuyentes incluyen a las siguientes personas: Ed Reid, Calvin Smith, Bill Crofton, Cyril Miller, Jim Nix, Ruthie Jacobsen, Harold Lee, George Rice, Doug Sayles, Robert Smith y Ted N. C. Wilson.

Les expresamos un agradecimiento especial a todos aquellos que estuvieron involucrados en la preparación de este libro.

Mi Pacto

Comprendiendo la urgencia de los tiempos, el rápido cumplimiento de las profecías bíblicas, y mi necesidad personal y de la iglesia de un reavivamiento y una reforma...

POR LA GRACIA DE DIOS Y MEDIANTE SU PODER CAPACITADOR...

- **ESTUDIARE** con oración cada día la Biblia y los escritos del espíritu de profecía.
- **ORARE** con fervor cada día en busca del PODER prometido del ESPIRITU SANTO, para el reavivamiento, la reforma y la cosecha final.
- **COMPARTIRE** con gozo con otros, en cada oportunidad posible, MI EXPERIENCIA CON CRISTO, los cambios que su amor ha efectuado en mi vida, y la esperanza que da para el futuro.
- ¡**SERVIRE** con amor a JESUCRISTO como mi Señor y Salvador, y mediante su poder prepararé mi vida para su pronto retorno!

Nombre Zulita Funes Fecha 3-23-99

Nuestra Necesidad de Dios

Como creyentes adventistas del séptimo día, reconocemos la bondad llena de gracia y el amor de Dios al enviar a su Hijo, Jesús, para morir por nosotros mientras éramos aún pecadores. Como iglesia y como individuos sentimos nuestra insuficiencia espiritual y la urgencia de estos últimos días de la historia de la tierra. Reconocemos el hecho de que no nos hemos sometido plenamente a la voluntad de Dios y sus planes para esta iglesia y para nuestra vida personal.

Reconociendo que toda vez que la Palabra de Dios se convierte en el punto céntrico de la vida se produce un reavivamiento espiritual, buscamos un renovado énfasis en el estudio de la Biblia hecho con oración. Al acercarnos a la segunda venida de Cristo, necesitamos una experiencia propia del nuevo nacimiento de total sumisión a la voluntad de nuestro Padre. Queremos participar de la proclamación divina de la gran comisión evangélica mediante el Movimiento Adventista.

Espontáneamente y con gratitud entramos en una relación de pacto con Cristo con el propósito de prepararnos, mediante el poder del Espíritu Santo, para recibir la experiencia de la lluvia tardía. Encontrándonos con Cristo cada día mediante la oración, pidamos ser llenados del Espíritu Santo mediante un estudio cuidadoso de la Biblia y a través de una revisión ferviente de los escritos del espíritu de profecía. Mediante una comprensión y relación con Dios, obtenidas por el estudio y la oración, y habilitados por el Espíritu Santo, deseamos apoyarnos completamente en Dios. A través de su poder guardaremos gozosamente su ley, viviremos en armonía con sus elevadas normas, y apoyaremos las creencias fundamentales de la iglesia remanente.

Es importante hacer un pacto tal con Dios concerniente a nuestro servicio amante a él y a nuestra completa dependencia de él. Israel nos ofrece un ejemplo poderoso para que lo sigamos: "Hacemos un pacto y lo ponemos por escrito, sellándolo nuestras autoridades, nuestros levitas y nuestros sacerdotes" (Neh. 9:38, Nueva Biblia Española). La mensajera de Dios a su iglesia remanente también comenta esta experiencia: "Entonces toda la congregación celebró un pacto para guardar todos los mandamientos de Dios; y para que la transacción pudiese ser tan efectiva como fuese posible, este pacto fue escrito, y aquellos que estaban seria y cabalmente consagrados a la obra de reforma añadieron sus nombres y sellos...

"Sería una escena que agradaría mucho a Dios y a los ángeles, si sus profesos seguidores en esta generación se uniesen, como lo hizo el Israel de antaño, en un pacto solemne para observar y cumplir 'todos los mandamientos, decretos y estatutos de Jehová nuestro Señor' " (*Southern Watchman,* 7 de junio, 1904).

Nuestro regreso a la primitiva piedad guiado por el Espíritu producirá un reavivamiento que nos capacitará para guiar a aquellos que están confiados a nuestro cuidado en la experiencia de la lluvia tardía. A medida que Dios presenta oportunidades, será nuestro privilegio testificar personalmente a otros de nuestra fe en Cristo. Gozosamente consagrémonos a Cristo.

Por la Gracia de Dios y su Poder Capacitador

EL MARAVILLOSO AMOR DE DIOS Y EL PLAN DE SALVACION CENTRADO EN CRISTO

La historia de la tierra está llegando a su culminación. ¡Tanto la profecía bíblica como los eventos que están ocurriendo nos aseguran que Jesús viene pronto! Aunque, como la Biblia lo indica, no podamos saber exactamente cuándo, sabemos que las señales apuntan a su inminente retorno. ¡Qué privilegio será ver a Jesús y estar con él para siempre! Como adventistas del séptimo día, parte del gran Movimiento Adventista de Dios, debiéramos ser los primeros en exaltar a Cristo ante aquellos que nos rodean como la única respuesta a los problemas que enfrentamos. Cristo, su amor maravilloso y su plan de salvación debieran ser el foco de todo lo que hacemos. El y su justicia debieran ser el centro de nuestro testimonio al compartir las buenas nuevas de su pronto retorno. Mediante su amor, su gracia y poder habilitador tenemos la oportunidad de vivir para él.

Hijos e hijas

Juan proclamó: "Mirad cuál amor nos ha dado el Padre, para que seamos llamados hijos de Dios" (1 Juan 3:1). Mediante Jesucristo tenemos el privilegio de ser hijos e hijas de Dios. La gracia de Dios, gratuitamente provista a sus criaturas, nos conducirá a una estrecha relación con él. ¡Qué gozoso privilegio conocer a Jesús y su gracia, aceptar por fe su maravilloso plan de salvación, y permitirle que obre en nuestras vidas mediante el Espíritu Santo!

La Escritura nos asegura que "el que tiene al Hijo, tiene la vida; el que no tiene al Hijo de Dios no tiene la vida. Estas cosas os he escrito a vosotros que creéis en el nombre del Hijo de Dios, para que sepáis que tenéis vida eterna" (1 Juan 5:12-13). Esta es realmente una demostración del gran amor de Dios hacia sus seres creados.

Un plan maravilloso

La Deidad, en virtud de su infinito amor, estableció el plan de salvación aun antes de la creación de la humanidad y de la caída. Dios hizo esta maravillosa provisión para nuestra salvación al costo de la vida de su Hijo, el mismo Creador. "El Hijo de Dios, el glorioso Soberano del cielo, se conmovió de compasión por la raza caída. Una infinita misericordia conmovió su corazón al evocar las desgracias de un mundo perdido. Pero el amor divino había concebido un plan mediante el cual el hombre podría ser redimido. La quebrantada ley de Dios exigía la vida del pecador. En todo el universo sólo existía uno que podía satisfacer sus exigencias en lugar del hombre. Puesto que la ley divina es tan sagrada como el mismo Dios, sólo uno igual a Dios podría expiar su transgresión. Ninguno sino Cristo podía salvar al hombre de la maldición de la ley, y colocarlo otra vez en armonía con el Cielo. Cristo cargaría con la culpa y la vergüenza del pecado, que era algo tan abominable a los ojos de Dios que iba a separar al Padre y su Hijo. Cristo descendería a la profundidad de la desgracia para rescatar la raza caída" (*Patriarcas y profetas*, p. 48). No es de sorprenderse que Juan exclamara: "¡Cuál amor!"

Vida eterna mediante Cristo

Es un privilegio tremendo saber que Dios nos ama (Juan 3:16; Rom. 5:8); que aunque todos somos pecadores (Rom. 3:23), él nos proveyó un remedio para el pecado

(Juan 1:12; 1 Cor. 15:3-4). Romanos 6:23 indica: "Porque la paga del pecado es muerte, mas la dádiva de Dios es vida eterna en Cristo Jesús Señor nuestro". Sólo mediante Jesucristo podemos tener acceso a la vida eterna. "Sólo el arrepentimiento ante Dios y la fe en Cristo podían salvar al pecador. La gracia de Cristo no podía comprarse; era un don gratuito" (*El conflicto de los siglos*, p. 138).

Amor gratuito, elección libre

Nuestro Creador y Redentor nos dota a cada uno de nosotros de nuestra propia libre elección para aceptar o rechazar su don de salvación. *Patriarcas y profetas* declara que "siendo la ley del amor el fundamento del gobierno de Dios, la felicidad de todos los seres inteligentes depende de su perfecto acuerdo con los grandes principios de justicia de esa ley. Dios desea de todas sus criaturas el servicio que nace del amor, de la comprensión y del aprecio de su carácter. No halla placer en una obediencia forzada, y otorga a todos libre albedrío para que puedan servirle voluntariamente" (pp. 12-13).

Mediante la fe en Cristo y su sacrificio, nuestra conexión con Dios puede ser restaurada. Apocalipsis 3:20 describe a Cristo como golpeando a la puerta de nuestro corazón, invitándonos a tener compañerismo con él. Quiere que confiemos en él. "Porque todo aquel que invocare el nombre del Señor, será salvo" (Rom. 10:13). Al depender totalmente de Cristo y de su gracia, podemos tener la seguridad de ser hechos justos delante de Dios (Rom. 10:9; Juan 5:24; 1 Juan 5:13; Juan 20:31). Podemos tener la paz del cielo al confiar en la justicia y el poder de Cristo. Romanos 5:1 y 2 indica que "justificados, pues, por la fe, tenemos paz para con Dios por medio de nuestro Señor Jesucristo; por quien también tenemos entrada por la fe a esta gracia en la cual estamos firmes, y nos gloriamos en la esperanza de la gloria de Dios".

Jesucristo, nuestro todo en todo

Cuando aceptamos a Jesús mediante el poder del Espíritu Santo, él no sólo nos justifica, sino que nos da el poder para llegar a ser más y más semejantes a él a través de la santificación. "Mas a todos los que le recibieron, a los que creen en su nombre, les dio potestad de ser hechos hijos de Dios; los cuales no son engendrados de sangre, ni de voluntad de carne, ni de voluntad de varón, sino de Dios" (Juan 1:12-13). "Sea hecho claro y manifiesto que no es posible mediante mérito de la criatura realizar cosa alguna en favor de nuestra posición delante de Dios o de la dádiva de Dios por nosotros" (*Fe y obras*, p. 17). Tenemos que mirar a Cristo y vivir; crecer en él por su gracia y su poder capacitador. Una vez que comprendamos que tenemos salvación solamente en Cristo y su justicia, ¡lo alabaremos y glorificaremos por su increíble don!

Salvación en Cristo

Cuando aceptamos diariamente a Cristo, nos abrimos a todo el proceso de salvación. Cristo tanto nos justifica (Rom. 5:1-2) mediante su muerte sacrificatoria como nos santifica (1 Tes. 5:23) a través de su vida justa. En todo momento debemos depender completamente de Cristo. Es la fuente de nuestra salvación y vida, tanto ahora como en el futuro. Cristo ha hecho posible la única vía de escape del pecado y de esta tierra.

En su servicio

Al concentrarnos en Jesús, el autor y consumador de nuestra fe, crearemos en nosotros un tremendo anhelo de servirle. "Al contemplar la cruz del Calvario, ustedes tendrán el deseo de cargar la cruz" (*Id.*, p. 13). Tendremos el privilegio de servir al Señor y de llegar a ser cada vez más semejantes a él en nuestro amor y servicio a otros.

Al mismo tiempo, cuanto más contemplemos a Cristo, más veremos nuestra necesidad de él. "Los que en verdad tratan de perfeccionar un carácter cristiano nunca acariciarán el pensamiento de que no tienen pecado. Su vida puede ser irreprochable, pueden ser representantes vivos de la verdad que han aceptado; pero cuanto más disciplinen su mente a espaciarse en el carácter de Cristo, y cuanto más se acerquen a la divina imagen del Salvador, más claramente discernirán la impecable perfección de Jesús, y más hondamente sentirán sus propios defectos... Cuando meditamos con arrepentimiento y humilde confianza en Jesús, a quien traspasaron nuestros pecados y a quien agobiaron nuestros dolores, podemos aprender a andar en sus pasos. Contemplándolo nos transformamos a su divina imagen. Y cuando esta obra se realice en nosotros, no pretenderemos que en nosotros mismos haya justicia, sino que exaltaremos a Cristo Jesús, mientras permitimos que nuestra alma indefensa dependa de sus méritos... La verdadera santificación es una completa conformidad con la voluntad de Dios. Los pensamientos y sentimientos rebeldes son vencidos, y la voz de Jesús despierta una nueva vida, que impregna el ser entero... La verdadera santificación es una obra diaria, que continúa por toda la vida. Los que están luchando con tentaciones cotidianas, venciendo sus propias tendencias pecaminosas, y buscando la santificación del corazón y la vida, no realizan ninguna pretensión ostentosa de santidad. Tienen hambre y sed de justicia" (*La edificación del carácter*, pp. 7-11, ed. ACES).

Hermoso equilibrio en el proceso de la salvación: La gracia de Cristo y su poder capacitador

El camino a Cristo ofrece una comprensión a fondo de la salvación de Cristo y su poder para salvar. El capítulo titulado "Cómo Lograr una Magnífica Renovación" detalla el alcance y la extensión de la gracia de Cristo y su poder capacitador. Presenta en una forma poderosa el hermoso equilibrio de su justificación y santificación:

"La condición para alcanzar la vida eterna es ahora exactamente la misma de siempre, tal cual era en el paraíso antes de la caída de nuestros primeros padres: la perfecta obediencia a la ley de Dios, la perfecta justicia. Si la vida eterna se concediera con alguna condición inferior a ésta, peligraría la felicidad de todo el universo. Se le abriría la puerta al pecado con toda su secuela de dolor y miseria para siempre.

"Antes que Adán cayese le era posible desarrollar un carácter justo por la obediencia a la ley de Dios. Mas no lo hizo, y por causa de su caída tenemos una naturaleza pecaminosa y no podemos hacernos justos a nosotros mismos. Puesto que somos pecadores y malos, no podemos obedecer perfectamente una ley santa. No tenemos justicia propia con que cumplir lo que la ley de Dios exige. Pero Cristo nos preparó una vía de escape. Vivió en esta tierra en medio de pruebas y tentaciones como las que nosotros tenemos que arrostrar. Sin embargo, su vida fue impecable. Murió por nosotros, y ahora ofrece quitar nuestros pecados y vestirnos de su justicia. Si os entregáis a él y le aceptáis como vuestro Salvador, por pecaminosa que haya sido vuestra vida, seréis contados entre los justos, por consideración hacia él. El carácter de Cristo reemplaza el vuestro, y sois aceptados por Dios como si no hubierais pecado.

"Más aún, Cristo cambia el corazón, y habita en el vuestro por la fe. Debéis mantener esta comunión con Cristo por la fe y la sumisión continua de vuestra voluntad a él. Mientras lo hagáis, él obrará en vosotros para que queráis y hagáis conforme a su beneplácito. Así podréis decir: 'Aquella vida que ahora vivo en la carne, la vivo por la fe en el Hijo de Dios, el cual me amó, y se dio a sí mismo por mí' (Gál. 2:20). Así dijo el Señor Jesús a sus discípulos: 'No sois vosotros quienes habláis, sino el Espíritu de vuestro Padre que habla en vosotros' (Mat. 10:20). De modo que si Cristo obra en vosotros, manifestaréis el mismo espíritu y haréis las mismas obras que él: obras de justicia y obediencia.

"Así que no hay en nosotros mismos cosa alguna de que jactarnos. No tenemos motivo para ensalzarnos. El único fundamento de nuestra esperanza es la justicia de Cristo que nos es imputada y la que produce su Espíritu obrando en nosotros y por nosotros" (pp. 62-63).

Preparación para la pronta segunda venida de Cristo mediante su gracia y su poder capacitador

¡Tenemos un maravilloso plan de salvación procedente de un maravilloso Salvador! ¡Qué privilegio aceptar su gracia y poder capacitador a fin de prepararnos para encontrarle en su inminente segunda venida! Al darle nuestros corazones, nuestra alabanza y nuestro servicio, Jesucristo debiera significar todo para nosotros. Hablemos de él, compartamos a Jesús con otros. En estas hermosas palabras podemos resumir el poder del Espíritu Santo para capacitarnos a fin de que vivamos para él:

"La mayor alabanza que los hombres pueden ofrecer a Dios es llegar a ser medios consagrados por los cuales pueda obrar. El tiempo pasa rápidamente hacia la eternidad. No retengamos de Dios lo que le pertenece. No le rehusemos lo que, aun cuando no puede ser ofrecido con mérito, no puede ser negado sin ruina. El nos pide todo el corazón; démoselo; es suyo, tanto por derecho de creación como de redención. Nos pide nuestra inteligencia; démosela, es suya. Pide nuestro dinero; démoselo, pues es suyo. No sois vuestros, 'porque comprados sois por precio' (1 Cor. 6:19-20). Dios requiere el homenaje de un alma santificada, que, por el ejercicio de la fe que obra por medio del amor, se haya preparado para servirle. Sostiene ante nosotros el más alto ideal, el de la perfección. Nos pide que nos manifestemos absoluta y completamente en favor de él en este mundo, así como él está siempre en favor nuestro en la presencia de Dios...

"Desead la plenitud de la gracia de Cristo. Permitid que vuestro corazón se llene con un intenso anhelo de su justicia, cuya obra, declara la Palabra de Dios, es paz, y su efecto quietud y seguridad para siempre. Mientras vuestra alma suspire por Dios, encontraréis más y más de las inescrutables riquezas de su gracia. Mientras las contempléis, llegaréis a poseerlas y se os revelarán los méritos del sacrificio del Salvador, la protección de su justicia, la perfección de su sabiduría y su poder para presentaros ante el Padre 'sin mácula, y sin reprensión' (2 Ped. 3:14)" (*Los hechos de los apóstoles*, pp. 452-453).

PRIMER PACTO

"Estudiaré Con Oración Cada Día la Biblia y los Escritos del Espíritu de Profecía"

COMO ESTUDIAR LA BIBLIA

La Biblia es la Palabra de Dios. Es viva (Heb. 4:12), es la fuente de toda verdad (Juan 17:17), y contiene poder para cambiar vidas (Juan 6:63). Cuando abrimos la Biblia, oímos la voz de Dios. A continuación se dan algunas sugerencias para ayudarle a que su estudio de la Biblia tenga más significado.

Adecuada actitud mental

Con la Biblia en la mano, estamos en la presencia de Dios. Sus palabras vinieron de la pluma de individuos escogidos, inspirados por el Espíritu Santo (2 Tim. 3:16). Dios habla desde sus páginas, y nosotros debemos escuchar.

Por lo tanto, debiéramos leer y estudiar la Biblia con el espíritu humilde de quien desea aprender. La confianza propia que los hombres de ciencia aplican a sus campos de estudio no ha de ser la actitud con la que un ser humano se acerca a la fuente de la verdad espiritual. "Debemos acercarnos con espíritu humilde y dócil para obtener conocimiento del gran YO SOY" (*El conflicto de los siglos*, p. 657).

Debido a que las verdades espirituales han de discernirse espiritualmente, debemos mantener abiertos los canales de comunicación de modo que el Espíritu Santo pueda traer convicción al corazón respecto a la verdad bíblica. Debiéramos tratar de evitar pensamientos sobre asuntos seculares mientras leemos la Biblia. Si nuestra atención comienza a vagabundear en asuntos de la vida corriente, debemos reconcentrarnos y releer para recoger cualquier pensamiento que podamos haber perdido. El hecho de alimentar nuestras mentes con la excitación del drama y la violencia de la televisión, o de poner nuestros nervios en tensión como resultado de los estimulantes químicos incorporados al cuerpo, nos impedirá captar las verdades espirituales de la Escritura.

Escoja un tiempo y un lugar adecuados para estudiar la Palabra de Dios. Cuando nuestras mentes están descansadas y alertas, la Palabra hará sus más profundas impresiones. Lea la Biblia en un lugar libre de distracciones. En la quietud de nuestros propios pensamientos, podremos oír la voz que habla desde las páginas sagradas: "Estad quietos, y conoced que yo soy Dios" (Sal. 46:10).

Una de las maneras más efectivas para fomentar el estudio regular tanto de la Escritura como del espíritu de profecía, es mediante el culto familiar. Elena de White nos dice que "para despertar y fortalecer el amor al estudio de la Biblia, mucho depende del uso que se haga de la hora del culto. Las horas del culto matutino y vespertino deberían ser las más agradables y útiles en el día" (*Meditaciones matinales*, p. 30).

Las familias con hijos pequeños podrían usar algunas de las traducciones recientes de la Biblia especialmente dirigidas a los niños. Cuando los hijos son mayores, la familia puede leer de traducciones para adultos; así pueden acostumbrarse a la cadencia y la belleza del lenguaje.

Los padres siempre debieran animar a toda la familia a comentar lo que acaban de leer de la Biblia. Elena de White nos dice que debiéramos formular preguntas sobre el pasaje leído (*Joyas de los testimonios*, t. 3, p. 92). Debiéramos tratar de hacer las Escrituras tan prácticas como sea posible, compartiendo mutuamente lo que las historias bíblicas, las promesas y las exhortaciones significan en nuestra vida diaria. Si los niños no entienden algo que encuentran en la Biblia, debemos animarlos a hacer preguntas al respecto, y luego ayudarles a encontrar material de apoyo y sugerencias extraídas de buenos comentarios y otras fuentes.

El culto familiar es también un buen momento para leer de libros del espíritu de profecía. Para niños menores podemos seleccionar pasajes de la serie del Gran Conflicto, concentrándonos especialmente en las partes narrativas. Otras veces podemos usar un enfoque temático de los escritos de Elena de White para buscar temas en los que como familia podríamos estar interesados en un momento dado. Pero sea lo que fuere lo que hagamos, debiéramos evitar el usar nuestras lecturas de sus escritos como una forma de disciplina o castigo por algo que nuestros hijos pudieran haber hecho. Esto sólo creará una impresión negativa en sus mentes hacia el espíritu de profecía.

Con la debida actitud, la lectura de la Biblia puede efectuar un profundo cambio en nuestras vidas. "No hay ninguna cosa mejor para fortalecer la inteligencia que el estudio de las Santas Escrituras. Ningún otro libro es tan potente para elevar los pensamientos, para dar vigor a las facultades, como las grandes y ennoblecedoras verdades de la Biblia" (*El camino a Cristo*, p. 90).

Orar

El estudio de la Palabra de Dios siempre debiera comenzar con oración. Podemos invitar al mismo Espíritu Santo que inspiró a los escritores bíblicos que llene nuestras mentes con su presencia y abra nuestro entendimiento a lo que estamos por leer. Siempre debemos pedirle que nos dé la actitud de un aprendiz, la humildad de alguien dispuesto a ser enseñado. Al estudiar, es beneficioso detenerse a menudo y hablar con Dios sobre lo que acabamos de leer. Si es una promesa, podemos personalizarla agradeciéndole por ella. O si es una instrucción, podemos pedirle que la aplique a nuestras vidas. Y si es una advertencia, pidamos fuerzas para sacar provecho de la amonestación. Nuestra lectura y estudio debiera tomar la forma de una conversación en dos sentidos.

Comenzando donde nos sentimos a gusto

Para principiantes, el lugar más fácil para comenzar a leer la Biblia es con la vida de Jesús, especialmente como está presentado en el Evangelio de Juan. Luego amplíe el estudio yendo a los otros Evangelios a fin de obtener un cuadro más completo de su vida y ministerio. Eventualmente, nos sentiremos a gusto no importa dónde leamos. Los entusiastas de la historia gozarán con los cinco libros escritos por Moisés, la historia de Israel y las vidas de sus reyes, y en el Nuevo Testamento, con las vidas y hechos de los apóstoles. Los amantes de la poesía sentirán emoción con los Salmos y el libro de Job. Aquellos que tienen una inclinación filosófica se alegrarán al sumergirse en Proverbios y Eclesiastés. Los románticos se dirigirán a Cantar de los Cantares. Aquellos que están interesados en la profecía encontrarán que Daniel, Apocalipsis y los profetas clásicos del Antiguo Testamento les hablan igualmente a ellos. Las epístolas del Nuevo Testamento tienen mucho que decir sobre los asuntos prácticos de la vida. Cualquiera sea el lugar donde empecemos, debemos luego pasar a los otros libros de la Biblia. Podemos sorprendernos placenteramente al descubrir que estamos más a gusto ahondando en las Escrituras que lo que primeramente esperábamos.

Use una Concordancia

Cuando el Espíritu Santo nos impresiona con la importancia de un tema en particular, una concordancia nos permitirá encontrar otros pasajes de la Escritura que traerán información adicional a nuestro estudio. Cuando encontramos aparentes contradicciones, no debemos precipitarnos para arribar a determinadas conclusiones. Más bien debiéramos reservar juicio hasta que podamos reunir más información. Como el Espíritu Santo inspiró todo lo que la Biblia contiene, todas sus enseñanzas armonizan entre sí. Sólo necesitamos ser pacientes y permitir que el Espíritu guíe nuestras mentes para resolver lo que aparentemente son inconsistencias. El usar una concordancia para encontrar otros pasajes relacionados con un tema dado, puede ayudar a resolver problemas.

La mayoría de las concordancias simplemente nos ayudan a ubicar otros versículos de la Escritura que complementan la palabra especial o el pensamiento en los que estamos interesados. Las concordancias especializadas, como la *Strong's Exhaustive Concordance* y la *Léxico-Concordancia del Nuevo Testamento en Griego y Español*, de Jorge Parker (Mundo Hispano, 1982), son más detalladas y están destinadas a ayudar en un estudio más profundo. Suplirán la palabra hebrea o griega que yace detrás de la palabra en español en la que usted está interesado. Por ejemplo, si nos llama la atención la palabra "diadema" en el Nuevo Testamento, descubriremos que la *diadema* (palabra original griega) que va sobre las siete cabezas del gran dragón escarlata en Apocalipsis 12:3 y que se refiere a las muchas coronas o diademas que Jesús usa en Apocalipsis 19:12, se distingue de la *stephanos* (palabra original griega, traducida "corona") usada por la mujer vestida del sol, en Apocalipsis 12:1-2.

Una vez que tenemos información de una concordancia más exhaustiva y deseamos información más detallada, podemos referirnos a obras como *Word Pictures in the New Testament*, de A. T. Robertson. Descubriremos que la corona usada por la mujer de Apocalipsis 12 es una guirnalda generalmente hecha de algún vegetal y constituye un símbolo de victoria. Irónicamente, la corona de espinas colocada sobre la cabeza de Jesús en un gesto de burla fue una *stephanos*; en realidad, un símbolo de victoria. Las coronas usadas por Jesús en Apocalipsis 19 son cintas azules bordadas de blanco e introducidas por los reyes persas para mantener el turbante real asegurado en su lugar. Tales cintas azules llegaron a ser un símbolo de realeza, y es del vocablo griego *diadema* que procede la palabra castellana "diadema". Debido a que una *diadema* es una cinta, el lector puede ahora comprender cómo Jesús puede usar "muchas" de ellas al mismo tiempo.

Memorice

Podemos aumentar nuestra memoria y fortalecer nuestra vida espiritual memorizando versículos y pasajes favoritos de la Escritura. De este modo siempre retendremos porciones de la Palabra de Dios para ser recordadas cuando se las necesita a fin de brindar consuelo y fortaleza. Tales pasajes confiados a la memoria forman una línea de defensa contra los engaños de Satanás. Se le ha asegurado al pueblo de Dios que "sólo los que hayan fortalecido su espíritu con las verdades de la Biblia podrán resistir en el último gran conflicto" (*El conflicto de los siglos*, p. 651).

Para principiantes, memorice los Salmos. Fueron compuestos para ser cantados, y por lo tanto se prestan para una fácil memorización. El Evangelio de Marcos puede memorizarse fácilmente. Algunos consideran que Marcos puede haber estado entre un grupo selecto que había confiado a la memoria los hechos y las enseñanzas de Jesús, de modo que pudiesen enseñar a otros y prepararlos para ingresar en la iglesia primitiva.

Permita que la Biblia hable por sí misma

No debemos forzar la Escritura para que diga lo que nosotros queremos. Para captar el verdadero significado de un pasaje bíblico, debiéramos recoger el significado obvio de las palabras a menos que empleen claramente un símbolo o figura de lenguaje.

Cuando la Biblia emplea una figura tal, explicará qué representa esa imagen. A veces podemos encontrar su significado en el contexto inmediato. Por ejemplo, en Apocalipsis 17:1 leemos acerca de "la gran ramera, la que está sentada sobre muchas aguas". En el versículo 15 del mismo capítulo, Juan explica que las aguas representan "pueblos", es decir, naciones. Si retrocedemos al gran dragón escarlata de Apocalipsis 12:3-4, descubriremos en el versículo 9 que la imagen o metáfora representa a Satanás. En los casos de las aguas y del dragón, Juan nos dice claramente qué es lo que representan.

Puede ser que el contexto inmediato no identifique a algunos símbolos, ni que se nos diga claramente qué significan. En tales casos otros libros de la Biblia nos ayudan a entender qué significa el símbolo por la manera en que lo usan. Por ejemplo, Apocalipsis presenta al lector dos mujeres, una "vestida de sol" (Apoc. 12:1-2) y la otra vestida de escarlata y "ebria de la sangre de los santos" (Apoc. 17:4-6). El lector sabe por las imágenes o figuras de lenguaje del Antiguo Testamento, que una mujer representa a un grupo religioso o una iglesia (Sal. 9:14). Por lo tanto, la mujer vestida de sol en Apocalipsis 12 representa al pueblo fiel de Dios, mientras que la mujer vestida de escarlata en Apocalipsis 17 representa a una iglesia apóstata.

Debiéramos estar en guardia contra la idea de extraer en forma forzada fechas futuras de períodos de tiempo mencionados en la Biblia. Antes bien, asegúrese de mantener las profecías de tiempo dentro de su contexto. Por ejemplo, los períodos de tiempo que se encuentran en Daniel 9:24-27 le dan significado a la profecía de los 2.300 días-años de Daniel 8:14. En Daniel 9 cada referencia a tiempo hecha por el ángel ocurre dentro del contexto del período de los 2.300 años. No debemos tratar de forzar las 69 semanas y las 70 semanas para indicar algo que no se relaciona con los 2.300 años.

Recuerde, entonces, que no hay que tratar de forzar una fecha profética en base a un período de tiempo histórico/cronológico. Un tiempo cronológico es un tiempo cronológico, y un tiempo profético es un tiempo profético. La Biblia mostrará claramente cuál es cuál. Si somos honestos en la manera en que leemos la Escritura, el Espíritu Santo seguramente recompensará ricamente nuestros esfuerzos para comprenderla.

Guías para estudiar la Biblia

La guía más popular para el estudio de la Biblia en la Iglesia Adventista es el folleto trimestral para la Escuela Sabática. Estas guías son generalmente temáticas, y le facilitan al lector el estudio de un tema a la vez. Pero dichas guías ofrecen la oportunidad para una lectura más extensa de la Biblia si deseamos comprender el contexto en el cual aparece un pasaje. El extender la lectura más allá de un solo versículo o dos proporciona una comprensión más profunda del tema bajo consideración. Con esta preparación, la discusión que se tenga en la clase de la Escuela Sabática se centrará sobre lo que la Biblia enseña respecto a un tema determinado y no sobre las opiniones de la gente en cuanto al tema.

Manuales bíblicos como *Estudiando juntos*, de Mark Finley, pueden ser muy útiles para un estudio temático de la Biblia como también para dar material de referencia a fin de contestar preguntas sobre temas bíblicos. Pero para alimentar y fortalecer la vida espiritual, nada reemplaza a la lectura pausada de extensos pasajes de la Escritura en una sola sentada: cuatro o cinco capítulos o la lectura completa de un libro pequeño, intercalada con frecuente oración pidiendo a Dios comprensión y fuerza para vivir por su Palabra.

COMO ESTUDIAR EL ESPIRITU DE PROFECIA

Durante la vida de Elena de White (1827-1915) un escritor comparó sus escritos a un telescopio y las verdades de la Escritura a estrellas en el cielo. El telescopio no proyecta nuevas estrellas en los cielos, pero se enfoca sobre ellas e intensifica la visibilidad de algunas estrellas que de otro modo serían oscuras. Elena de White siempre negó que sus escritos estuviesen al mismo nivel de la Escritura. Desde el comienzo de su ministerio hasta su conclusión setenta años más tarde, ella exaltó la Biblia y urgió a la gente a estudiarla.

En su primer libro, publicado en 1851, ella escribió: "Recomiendo al amable lector la Palabra de Dios como regla de fe y práctica" (*Primeros escritos*, p. 78). "En su Palabra, Dios comunicó a los hombres el conocimiento necesario para la salvación. Las Santas Escrituras deben ser aceptadas como dotadas de autoridad absoluta y como revelación infalible de su voluntad. Constituyen la regla del carácter; nos revelan doctrinas, y son la piedra de toque de la experiencia religiosa" (*El conflicto de los siglos*, p. 9). En respuesta a algunos que creían que sus escritos eran una adición a la Biblia, ella declaró: "No estáis familiarizados con las Escrituras. Si os hubieseis dedicado a estudiar la Palabra de Dios, con un deseo de alcanzar la norma de la Biblia y la perfección cristiana, no habríais necesitado los *Testimonios*" (*Joyas de los testimonios*, t. 2, p. 280). "El Señor ha dado una luz menor —escribió ella— para guiar a los hombres y mujeres a la luz mayor" (*El colportor evangélico*, p. 174).

Cómo comenzar

El estudio de los escritos del espíritu de profecía, como el estudio de la Biblia, es algo sumamente personal. Diferentes personas lo harán en diferentes maneras. Al empezar, el asunto más importante que podemos hacer es preguntarnos: "¿Qué quiere Dios decirme cuando yo leo esto?" Sólo cuando deseamos fervientemente conocer la voluntad de Dios para nuestra vida estamos realmente listos para dar el siguiente paso: fijar un tiempo específico cada día para hacer nuestro estudio. Puede ser temprano en el día o tarde, y puede ser de quince minutos o de una hora o más. Pero cualquiera sea nuestra decisión, debemos adoptar el hábito de dedicar diariamente una cantidad fija de tiempo de calidad al estudio acompañado de oración.

Y bien, ¿cómo comenzaremos? Idealmente, debiéramos empezar leyendo uno o más de los libros que Elena de White escribió durante su vida. Dependiendo de nuestros intereses, podríamos comenzar con su muy popular librito devocional, *El camino a Cristo*. Luego podríamos continuar con su clásica biografía de Cristo, *El Deseado de todas las gentes*. O podríamos leer las primeras experiencias de Elena de White, reunidas en el libro *Primeros escritos*.

Otra posibilidad es comenzar con *Patriarcas y profetas*, su libro que comenta la primera parte del Antiguo Testamento. Luego continuaríamos leyendo los otros cuatro libros de su serie del Gran Conflicto, que trazan la historia de la gran controversia entre Cristo y Satanás desde antes de la creación hasta la tierra renovada. Si nos interesan las profecías y los eventos de los últimos días, *El conflicto de los siglos*, el último libro de su serie de cinco tomos recién mencionada, debiera tener un lugar preferente en nuestra lista de lectura.

Después de habernos familiarizado con el énfasis espiritual de Elena de White y con el estilo de escritura del siglo XIX, estamos listos para emprender nuestro estudio de sus escritos. Nuevamente, lo que hagamos a continuación dependerá mucho del lector individual. Algunos escogerán un libro y comenzarán a leerlo. Otros preferirán comprar una guía de estudio para facilitar la lectura. Se han preparado guías tales para varios de los libros de Elena de White. Y aun otros pueden inclinarse por iniciar un plan de lectura sistemático que combine los pasajes de la Escritura con pasajes paralelos de los escritos de Elena de White. El libro *Correlated Bible Readings*, de Arl Voorheis, constituye una excelente ayuda para este tipo de plan de estudio.

Ahondando más profundamente

Cuando uno estudia más profundamente los escritos de Elena de White, varias herramientas de investigación llegarán a ser cada vez más útiles. El *Index to the Writings of Ellen G. White*, en cuatro tomos, abre la posibilidad de estudiar sus escritos en forma temática. Ahora también está disponible la Biblioteca Electrónica *Fundamentos de la Esperanza*, en un disco compacto, que contiene la Santa Biblia (versión Nueva Reina-Valera 1990), la colección casi completa de los escritos de Elena de White, los ocho tomos del *Comentario bíblico adventista* y el *Diccionario bíblico adventista* (por más información, preguntar en una Agencia de Publicaciones).

Antes de avanzar demasiado en nuestro plan de lectura quizás querremos beneficiarnos con varios excelentes libros que nos ayudarán a comprender mejor a Elena de White y los tiempos en que ella vivió. Para principiantes, *Messenger of the Lord*, de Herbert Douglass, es una verdadera mina áurea de información respecto a la vida, el ministerio y los escritos de Elena de White. De la misma manera, la biografía de Elena de White, en seis tomos, escrita por su hijo Arthur White, es una fuente inestimable de conocimiento tanto por la información biográfica como por el trasfondo de muchos de los libros y testimonios individuales de Elena de White. El libro *Fundadores del mensaje*, de Everett Dick, tiene un extenso capítulo dedicado a la Sra. de White.

Los dos pequeños libros, de fácil lectura, de George Knight, *Meeting Ellen White* y *Reading Ellen White*, son fuentes introductorias especialmente útiles para nuevos lectores de los escritos del espíritu de profecía. Contienen información biográfica breve sobre la Sra. de White y explicaciones a fondo de los grandes temas en los cuales ella se explayó, como también sugerencias sobre cómo estudiar sus escritos. Puesto que Elena de White vivió mayormente durante el siglo XIX, quizás usted también querrá leer *Ellen White's World*, de George Knight, o *World of Ellen White*, de Gary Land. Ambos libros le ayudarán a aprender más acerca de los tiempos durante los cuales ella vivió.

Otros libros informativos que contienen material valioso sobre las visiones y los testimonios de Elena de White son *Great Visions of Ellen G. White*, de Roger Coon, y *My Dear Brother M.*, de Paul Gordon. Un libro especialmente útil sobre el tema de la inspiración y su aplicación al ministerio de Elena de White es *La voz del Espíritu*, de Juan Carlos Viera.

Algunos adventistas dividen los libros de Elena de White en aquellos que ella produjo durante su vida y los que fueron compilados en base a sus diversos escritos desde su muerte en 1915. Este último grupo, a menudo referido simplemente como compilaciones, se ha preparado usando los archivos de las cartas y manuscritos de la Sra. de White, en armonía con su testamento. Sin embargo, dividir sus libros de esta manera es un procedimiento demasiado simplista para ser considerado útil, en términos generales, cuando se quiere desarrollar un plan de estudio significativo.

Su plan de estudio

Cuando usted lee libros de Elena de White, a menudo es útil diferenciar entre aquellos diseñados específicamente como lectura espiritual y aquellos que se adecuan mejor para un estudio por temas. En cuál de las dos categorías se ubica un libro determinado depende del tipo de material que contiene. Muchos libros del espíritu de profecía fueron diseñados expresamente para que se leyesen de tapa a tapa. En esta categoría, además de los libros ya mencionados, se encuentran volúmenes como *La educación*, *El ministerio de curación* y *La historia de la redención*. Otros, incluyendo compilaciones, tienen una naturaleza más enciclopédica. En vez de tener capítulos que contienen largas secciones de los escritos de la Sra. White, incluyendo el contexto del cual los compiladores tomaron las selecciones, esta categoría intenta proveer al lector con tanto consejo de Elena de White como sea posible sobre un tema particular en un espacio limitado. Consecuentemente, las citas son a menudo breves y al punto, y están impresas sin su contexto original. Libros de este tipo incluyen *Consejos sobre el régimen alimenticio*, *Evangelismo* y *La temperancia*.

En adición a las dos categorías ya mencionadas, una cantidad de libros devocionales de Elena de White contienen cortas lecturas espirituales para cada día del año.

Otros libros de tipo devocional, como *El camino a Cristo* y *La edificación del carácter*, también tienen capítulos breves de fácil lectura. Todavía otra categoría general de libros que contienen consejo práctico para la iglesia son los tres tomos de *Joyas de los testimonios*, como también los tres tomos de *Mensajes selectos*.

Enfoque temático

Otro enfoque para estudiar los escritos del espíritu de profecía es dividir los libros de acuerdo con los temas que cubren. A continuación aparece una lista sugerente por temas. Aunque no contiene cada posible libro de Elena de White que podría colocarse bajo cada categoría específica, ofrece la mayoría de los títulos corrientes.

AUTOBIOGRAFIA
Notas biográficas de Elena G. de White

ESTUDIO DE LA BIBLIA
El Deseado de todas las gentes
El discurso maestro de Jesucristo
La historia de la redención
La verdad acerca de los ángeles
Los hechos de los apóstoles
Palabras de vida del gran Maestro
Patriarcas y profetas
Profetas y reyes

IGLESIA Y MINISTERIO PASTORAL
Consejos sobre la obra de la escuela sabática
El ministerio de la bondad
Evangelismo
Joyas de los testimonios (3 tomos)
Mensajes selectos (3 tomos)
Obreros evangélicos
Servicio cristiano

VIDA DEVOCIONAL

Cada día con Dios
Conflicto y valor
Dios nos cuida
El camino a Cristo
En los lugares celestiales
Exaltad a Jesús
Hijos e hijas de Dios
La edificación del carácter
La maravillosa gracia de Dios
¡Maranata, el Señor viene!
Meditaciones matinales
Nuestra elevada vocación
Recibiréis poder
Reflejemos a Jesús

EDUCACION

Consejos para los maestros
La educación
La educación cristiana

SALUD

Consejos sobre el régimen alimenticio
Consejos sobre la salud
El ministerio de curación
La temperancia

HOGAR Y FAMILIA

Conducción del niño
Consejos sobre mayordomía cristiana
El hogar adventista
Mensajes para los jóvenes

EVENTOS DE LOS ULTIMOS DIAS

El conflicto de los siglos
Eventos de los últimos días

MISCELANEOS
Primeros escritos
Artículos de Elena de White publicados en la Review and Herald (6 t.; sólo en inglés)
Artículos de Elena de White publicados en Signs of the Times (4 t.; sólo en inglés)
Artículos de Elena de White publicados en Youth's Instructor (sólo en inglés)

Principios para estudiar los escritos del espíritu de profecía

Como cualquier lector de los escritos del espíritu de profecía lo descubre rápidamente, Elena de White escribió sobre una variedad de temas. Considerando esto, se han sugerido los siguientes principios orientadores para los lectores concienzudos de sus escritos:

1. Los escritos del espíritu de profecía no se han dado para tomar el lugar de la fe, el trabajo duro, la iniciativa, o el estudio de la Biblia.
2. Estudie el espíritu de profecía para encontrar los consejos que Dios ha dado, no meramente para probar nuestras propias conclusiones.
3. Los escritos del espíritu de profecía tienen el propósito de darme mensajes a mí personalmente, y no para ser usados como un garrote contra alguien.
4. Estudie todos los consejos disponibles sobre un tema determinado a fin de obtener un cuadro completo de lo que Dios está tratando de enseñarnos mediante los escritos de Elena de White.
5. Las conclusiones basadas sobre el estudio del espíritu de profecía deben armonizar con todos los escritos considerados en su totalidad.

6. Estudie consejos específicos en su marco de fondo. Tome en consideración el tiempo y el lugar cuando fueron escritos. Lo que puede haber sido apropiado para una persona puede no adecuarse para nada a la situación de otra. Al usar testimonios escritos originalmente a instituciones o individuos, recuerde que las condiciones pueden haber cambiado. También el significado de algunas palabras ha cambiado a lo largo de los años.

7. Aunque las situaciones puedan cambiar, puesto que los principios subyacentes que se encuentran en el espíritu de profecía son universales en su aplicación, busque entender correctamente esos principios de modo que podamos aplicarlos a nuestra propia situación actual.

8. En los escritos del espíritu de profecía Dios nos da un ideal que debiéramos perseguir. Si no lo alcanzamos en algunos respectos, no debiéramos desanimarnos. Dios puede necesitar tiempo para transformarnos. Podemos sentirnos agradecidos de que Dios no rechaza o desecha a su pueblo si no alcanzamos su ideal.

9. Sea absolutamente honesto en su relación con los consejos encontrados en el espíritu de profecía. También debemos estar dispuestos a reconocer la influencia de nuestras propias actitudes sobre nosotros mismos y sobre otros.

10. Aplique firme y cabalmente los consejos contenidos en el espíritu de profecía. No estamos en libertad de aceptar una parte y rechazar el resto.

11. Sea tolerante con otros. Diferentes personas han pasado por diferentes experiencias y han tenido dife-

rentes antecedentes. Hay algunas cosas que cada uno de nosotros debe arreglar con su propia conciencia y con Dios. También reconozca que Dios nos da la oportunidad de dudar si deseamos hacerlo.

12. Lea los consejos del espíritu de profecía en los libros de Elena de White y no en la colección fotocopiada y no autorizada de alguien o en compilaciones impresas privadamente.

En resumen, adopte una actitud abierta hacia la dirección de Dios cuando estudia el espíritu de profecía; fije un tiempo específico cada día para estudiar; seleccione un plan de lectura que satisfaga sus necesidades espirituales; y luego comience con oración, sabiendo que Dios lo bendecirá por pasar ese tiempo significativo con él.

PREGUNTAS PARA REFLEXIONAR SOBRE
EL PRIMER PACTO

Cómo estudiar la Biblia
Pregúntese a sí mismo...

- ¿Qué viene primero, el estudio significativo de la Biblia o un corazón contrito?
- Tendemos a gozarnos cuando hacemos cosas que deseamos hacer. ¿Qué podría lograr que deseemos estudiar la Biblia? Considere lo siguiente: (1) nuestro fuerte deseo de estar en armonía con Dios y en paz con nosotros mismos; (2) nuestro anhelo de buenas noticias en el mundo turbado de hoy; (3) nuestra curiosidad sobre el futuro de la humanidad; (4) nuestra confianza de que Dios nos habla mediante su Palabra y provee las mejores respuestas a nuestras preguntas.
- En Juan 6 Jesús se llama a sí mismo "el pan de vida". Si usted comparase la frecuencia y la cantidad de su estudio de la Biblia con la cantidad regular de alimento que consume, ¿cuál sería el estado de su salud espiritual? ¿Espiritualmente está usted (1) sano y satisfecho, (2) a menudo hambriento, (3) malnutrido y desganado, o (4) a punto de morir de hambre?
- Especialmente para los jóvenes: En la actualidad algunas personas consideran que la Biblia ha perdido su relevancia porque gran parte de ella describe la historia de una antigua nación. ¿Puede usted identificar características de la naturaleza humana en historias bíblicas que sugieren el error de ese punto de vista? Para encontrar ejemplos, fíjese en los siguientes pasajes: Génesis 18:15; Números 12; Josué 7:20-21; 1 Samuel 1:12-14; 2 Samuel 11 y 12; Nehemías 2:1-5; Ester 5:9-10; Job 2:9-10; Salmo 10; Proverbios 25:24; Daniel 6:18; Jonás 4:1-3.

Cómo estudiar el espíritu de profecía
Pregúntese a sí mismo...

- Un crítico de los escritos de Elena de White escribió que ella se expresaba como un abogado rural, sugiriendo que comunicaba sabiduría en forma directa y corriente. Considerando que Elena de White tenía poca preparación académica y que sin embargo escribió muchos libros de gran influencia, ¿de dónde piensa usted que procedía su sabiduría?

• Muchos individuos han tomado pequeñas secciones de los escritos de Elena de White y las han yuxtapuesto para efectuar afirmaciones teológicas que ella no tuvo la intención de hacer. ¿Cómo podemos citar responsablemente declaraciones de Elena de White y evitar esa clase de desequilibrio?

• Algunos han caracterizado los escritos de Elena de White como relevantes para el siglo de la autora, pero no para nosotros. Al proyectarnos al nuevo milenio, ¿cómo defenderíamos sus escritos como poseedores de una influencia relevante en la sociedad contemporánea? Considere los siguientes temas según son tratados por Elena de White: el problema inmutable del pecado; el inmutable plan de salvación de Dios; el cumplimiento de las señales de las profecías del tiempo del fin; nuestro futuro eterno.

• Especialmente para la juventud: Como una adolescente, Elena de White luchó con sentimientos de insuficiencia, en el aspecto espiritual y en otras áreas (ver sus descripciones en el primer capítulo de *Primeros escritos*). Se vio a sí misma como una persona corriente a quien Dios le dio un don especial para compartir. ¿Ha leído usted algún libro de Elena de White con la idea de que es un don que le da seguridad?

SEGUNDO PACTO

"Oraré Con Fervor Cada Día en Busca del Poder Prometido del Espíritu Santo, para el Reavivamiento, la Reforma y la Cosecha final"

COMO ORAR

Ensanchando su territorio

La oración intercesora nos da posibilidades increíbles para ampliar nuestro territorio de servicio. Podemos orar por alguien que está en nuestro hogar, en la casa del vecino o a medio mundo de distancia, y Dios oye esas oraciones en el cielo. Las vidas de aquellos por quienes oramos son influenciadas desde lo alto.

En 1 Crónicas 4:10 se menciona a un hombre honorable de Judá, llamado Jabes, y se registra una oración que él hizo: "E invocó Jabes al Dios de Israel, diciendo: ¡Oh, si me dieras bendición, y ensancharas mi territorio, y si tu mano estuviera conmigo, y me libraras de mal, para que no me dañe!" Y Dios le otorgó lo que pidió.

Mediante la oración por otros, nuestro territorio de servicio puede ser vasto e ilimitado. Nuestras oraciones pueden alcanzar a cualquiera, en cualquier lugar, y como Dios oye y ha prometido contestar, ocurren cosas maravillosas cuando oramos.

La oración es uno de los regalos más desinteresados y nobles que podemos dar a otra persona, porque sólo Dios conoce las oraciones y solamente él recibe la gloria por los resultados.

Ya sea que le pidamos a Dios en oración el conocerle mejor, o que haga algo en la vida de alguien, o que provea para una necesidad tangible, él anhela contestarnos. "Dios se deleita en dar. Está lleno de misericordia, y anhela conceder los pedidos de aquellos que vienen a él con fe. Nos da para que podamos ministrar a los demás, y así llegar a ser como él" (*Palabras de vida del gran Maestro*, p. 107).

A él le agrada que nos acerquemos a él como sus hijos, esperando que escuche y que conteste, y le agrada que le llamemos nuestro Padre. Esto hace que la relación sea más real en nuestras mentes. "Nos concede el privilegio de llamar al Dios infinito nuestro Padre. Este nombre, pronunciado cuando le hablamos a él y cuando hablamos de él, es una señal de nuestro amor y confianza hacia él, y una prenda de la forma en que él nos considera y se relaciona con nosotros. Pronunciado cuando pedimos un favor o una bendición, es una música en sus oídos" (*Ibíd.*).

En la parábola del vecino egoísta, Cristo presentó poderosos principios sobre la oración. Destacó la importancia de un espíritu genuino al orar, y la necesidad de la perseverancia. Y enseñó que hemos de pedirle para que podamos dar a otros. Esto cambia nuestros corazones y nos pone en armonía con Dios. Dios es el mayor dador de todos, y quiere que aprendamos de él en cuanto a cómo nosotros también podemos dar en amor a otros.

En adición, "cuando le pedimos algo, tal vez vea que necesitamos investigar nuestros corazones y arrepentirnos del pecado. Por lo tanto, nos hace pasar por una prueba, nos hace pasar por la humillación, a fin de que veamos lo que impide la obra de su Santo Espíritu por medio de nosotros" (*Id.*, p. 109).

En los tiempos del Antiguo Testamento el lenguaje hebreo no tenía una palabra para "imposible". Tal vez eso era porque el pueblo de Dios sabía que si estaban caminando en la obediencia, no había nada que él *no podría* o *no querría* hacer por ellos. Y hoy sus respuestas todavía están prometidas sobre la base de que se cumplan sus condiciones de obediencia. Pero él da las condiciones como principios guiadores, no para desanimar sino para mostrar el camino. "Todos sus dones son prometidos a condición de la obediencia. Dios tiene un cielo lleno de bendiciones para los que cooperen con él. Todos los que le obedezcan pueden con confianza reclamar el cumplimiento de sus promesas" (*Id.*, p. 111).

Nuestro Padre quiere que confiemos en él y que sepamos que él es digno de confianza. Santiago nos dice que necesitamos pedir sin vacilación. Abrahán creyó en Dios, y como consecuencia, la Escritura lo llama amigo de Dios. "La oración y la fe están íntimamente ligadas, y necesitan ser estudiadas juntas" (*Mensajes para los jóvenes*, p. 250). "A menudo él tarda en contestarnos para probar nuestra fe o la sinceridad de nuestro deseo. Al pedir de acuerdo con su Palabra, debemos creer su promesa y presentar nuestras peticiones con una determinación que no será denegada" (*Palabras de vida del gran Maestro*, p. 111).

El capítulo "Cómo aumentar la fe y la confianza" del libro *Palabras de vida del gran Maestro* nos da gemas maravillosas de verdad. Allí se nos dice que cuando tenemos dificultades, nuestro primer pensamiento debiera ser orar. "Confiadlo todo a Dios. La práctica de hablar de nuestras dificultades a otros, únicamente nos debilita, y no les reporta a los demás ninguna fuerza" (*Id.*, p. 112).

¿Quién no ha deseado más sabiduría, orientación, información o ayuda en situaciones críticas? He aquí una declaración que trae gran esperanza:

"No son las capacidades que poseéis hoy, o las que tendréis en lo futuro, las que os darán éxito. Es lo que el Señor puede hacer por vosotros. Necesitamos tener una confianza mucho menor en lo que el hombre puede hacer, y una confianza mucho mayor en lo que Dios puede hacer por cada alma que cree. El anhela que extendáis hacia él la mano de la fe. Anhela que esperéis grandes cosas de él" (*Ibíd.*).

¿Pero *cómo* cumpliremos la resolución de orar *más*? Muchos pasan actualmente de una a tres horas diarias en oración. ¿Cómo hacen eso? Algunos han dicho que posiblemente no podrían encontrar tanto tiempo, ni que sabrían cómo pasar ese tiempo en oración si lo tuviesen.

Bien, podemos no encontrar el tiempo; debemos *hacerlo.* Pero cuando nos consagramos a orar y le damos a Dios nuestro tiempo, él nos recompensa abundantemente. Es como pagar el diezmo. Aquellos que nunca han pagado el diezmo no entienden que realmente pueden tener más al dar por lo menos una décima parte a Dios. Cuanto más le damos, más tenemos para dar, y más él nos bendice de otras maneras. Lo mismo es cierto con nuestro tiempo. Cuando le damos nuestro tiempo, él hace que el resto del día sea más efectivo y eficiente.

Aunque hay muchas maneras diferentes de orar, lo importante es pasar tiempo, como lo hizo María, sentados a los pies de Jesús, aprendiendo, creciendo, permitiendo que él nos guíe, cediendo a su señorío (ver Luc. 10:41-42).

Algunos escriben sus oraciones. Es una manera maravillosa de impedir que nuestras mentes se distraigan, y de lograr que permanezcan concentradas, en el blanco. Para nuestro asombro, pronto descubriremos que el mismo Espíritu Santo instruye nuestros corazones. Encontraremos que existe una comunicación entre nuestras almas y el cielo que jamás habíamos experimentado antes.

Muchos prefieren orar silenciosamente. Otros oran en voz alta. Algunos mantienen conversaciones con Dios mientras atienden sus actividades diarias. Le hablan como a un huésped que está físicamente presente.

Cuando estamos orando, así como cuando caminamos o trotamos, es útil tener una ruta a seguir. El Padrenuestro constituye una estructura ideal y nos provee la organización para guiarnos a lo largo de nuestro tiempo de oración. "En el Padrenuestro tenemos un ejemplo de una perfecta petición. ¡Cuán simple, y sin embargo cuán abarcante es!... Que todos estudiemos cuidadosamente los principios contenidos en él" (*Review and Herald*, 3 de enero, 1907). Al seguir un plan en la oración, el tiempo de oración tendrá más significado, y podremos hablar con Dios sobre aquellas cosas que son vitales en nuestras vidas y que él coloca en nuestros corazones. (Más adelante aparece un bosquejo sugerente de oración usando el Padrenuestro.)

Comencemos y terminemos cada oración con alabanza. En el Salmo 22 David nos dice que Dios habita entre las alabanzas de su pueblo. Al venir a su presencia con alabanza, gratitud y adoración, se desvanece la ansiedad.

Otra forma de darle estructura a nuestras oraciones es siguiendo la sigla ACAS: adoración, confesión, agradecimiento y súplica (pedidos). Cada parte de la oración, cuando es usada con la Escritura o con cantos, se convierte en un precioso tiempo de transformación en su presencia. "Cuando venimos a él confesando nuestra indignidad y pecado, él se ha comprometido a atender nuestro clamor. El honor de su trono está empeñado en el cumplimiento de la palabra que nos ha dado" (*Palabras de vida del gran Maestro*, p. 114).

Dios nos cambia cuando pasamos tiempo en su presencia. Su Espíritu Santo nos transforma.

Perspectivas sobre la oración

Al buscar la voluntad de Dios en nuestra vida de oración, encontraremos que mediante su poder lograremos nuestros propósitos, a medida que él responde a nuestros deseos en su manera infinitamente superior. El sabe cómo proveer una respuesta mejor que la que nosotros jamás podríamos posiblemente imaginar. El Señor nunca contesta nuestras oraciones porque nosotros lo forzamos a hacerlo, sino que lo hace sólo en virtud de su gracia amante y gratuita. Es un amor que busca dar más de lo que jamás podríamos posiblemente pensar en pedir.

Ninguna oración es jamás desperdiciada. Dios tiene en cuenta toda oración que alguna vez se le ofrece y siempre está involucrado con nosotros en trazar el curso de la historia. Aun las oraciones que desde nuestra limitada perspectiva podríamos haber sentido que fueron desatendidas, tuvieron su respuesta en la propia y perfecta manera de Dios. Cada verdadera oración expone el reino de Satanás y ayuda a establecer el reino de Dios. La oración hace retroceder las fuerzas de las tinieblas. Combate victoriosamente contra el mal y el error.

Cuanto más oramos, más se expande nuestro horizonte y más esperaremos en un Dios sobrenatural y hacedor de milagros. Pero ignorar la oración deja nuestra vida y nuestra perspectiva dentro de un esquema mental meramente secular o humanístico. Nos negamos el acceso al poder divino de Dios y a su dirección en nuestras vidas. Como el pueblo de Dios de los últimos días, debemos aprovechar su poder infinito.

¿Qué puede hacer su iglesia para crecer vigorosamente en la oración?

1. Una iglesia poderosa tiene dirigentes que hacen de la oración una prioridad. Si realizamos un análisis cuidadoso, probablemente descubriremos que la mayor

deficiencia de nuestra iglesia no es de programas, estrategias, materiales, o ideas, sino de oración. La mayor *fuerza* de nuestra iglesia es la oración. Sólo la oración puede liberar el poder para un ministerio personal efectivo. La oración le da un punto central a la misión de la iglesia y nos capacita para cumplir esa misión.

2. La oración, el estudio de la Biblia y el ministerio personal debieran estar unidos inseparablemente. Aun orar y estudiar la Biblia sin servir y compartir puede crear cristianos complacientes y hasta egocéntricos. Todo ministerio sin una amplia preparación mediante la oración se convierte sólo en un trabajo realizado con el poder de "la carne". Cualesquiera pudieran ser dichos esfuerzos, son nuestros intentos de hacer las cosas solamente con nuestra fuerza humana.

   Muchos están descubriendo que una manera de enriquecer su experiencia en la oración, el estudio de la Biblia y el ministerio es uniéndose a un grupo pequeño. Círculos de amigos se reúnen regularmente para orar, estudiar y luego investigar maneras de ayudar a otros: en sus hogares, en sus grupos y en sus comunidades. Tanto jóvenes como adultos están usando este método sencillo pero que transforma la vida (ver bajo el subtítulo "Tiempo de descanso y en contacto").

3. Establezcan tiempos, maneras y lugares específicos para orar juntos: por la iglesia, por sus dirigentes y por la comunidad. Esto fomenta el que se ore con regularidad. El hecho de oír a otros orar y de escuchar sus experiencias, fortalecerá nuestra propia vida de oración. Orar juntos no sólo edifica nuestra fe, sino que hace más manejable la gran tarea de orar. No nos sentiremos tan abrumados, sino que por el contrario recibiremos aliento. Así como muchas manos pueden llevar las cargas más pesadas, de la misma manera

muchas oraciones pueden levantar las cargas espirituales.

4. Anime las devociones personales y familiares. La oración privada es la actividad más espiritual y elevadora en la que cualquier alma puede ocuparse. Pero un escritor ha dicho que si descuidamos la adoración personal y familiar, "otros intentos en materia de oración son como rociar con agua el follaje de una planta mientras se dejan las raíces secas. Dios ha elegido la oración como la llave por la cual su iglesia hace su trabajo. Mediante la oración impactamos al mundo para Dios".

Tiempo de descanso y en contacto

He aquí algunas sugerencias para la oración y el estudio de la Biblia en un grupo pequeño que enriquecerán la vida espiritual y el ministerio de cualquier iglesia. Diseñadas para proveer un clima que afirmará, incluirá y hará que todos se sientan libres para participar, estas sugerencias, si se siguen, crearán una atmósfera de cordialidad y compañerismo mientras nos gozamos en el amor y la presencia de Dios.

1. *Primero, provea una oportunidad para que todos se conozcan.* Puede usarse una actividad para "romper el hielo", una mera pregunta como ser, "¿Cuál es su desayuno favorito?" Limite esto a un período de cinco a diez minutos. Dicha actividad para romper el hielo debiera implicar algo breve y ante lo cual nadie se sienta amenazado.
2. *Cada persona necesita una Biblia, un cuaderno de notas y un lápiz.* También será útil tener *El Deseado de todas las gentes* u otros recursos de estudio disponibles.
3. *El grupo debe escoger un pasaje para estudiar.* Las historias de los Evangelios ofrecen un excelente lugar

para comenzar. Algunos pasajes favoritos son Lucas 18:35-43 y 19:1-10.

4. *Dé pautas sencillas al grupo que lo orienten en su actividad.* Recuerde que usted quiere que todos se sientan a gusto y libres para participar. Para los miembros del grupo es mejor contribuir al azar que "yendo alrededor del círculo". El facilitador conduce pero no enseña, y debiera hablar menos que los demás. Reconozca toda y cualquier contribución. Los miembros del grupo pueden formular cualquier pregunta que deseen; no hay preguntas pobres o respuestas malas. Asegúrese de que siempre mantiene la confidencialidad. Lo que el grupo discute nunca debiera salir del grupo. Más importante aún, mantenga las preguntas y los comentarios relacionados con el pasaje de la Escritura.
5. *Comience con oración la interacción del grupo en el estudio de la Biblia.* El Espíritu Santo iluminará los corazones cuando le permitimos que entre en nuestras vidas. Invite a orar a todos los que están interesados en el éxito del grupo.
6. *Lea el pasaje completo, con la participación de todos, y luego considérelo versículo por versículo.* Anime al grupo a formular preguntas sobre cada versículo (quién, qué, cuándo, dónde, por qué, cómo). Por ejemplo, ¿quiénes están involucrados en esta historia? ¿Dónde están? ¿Cuándo? El contexto del pasaje es importante para entender qué está diciendo.
7. *Pase espontáneamente a la oración cuando surgen necesidades específicas en el grupo.*
8. *Manténgase en el pasaje de la Escritura en vez de hacer digresiones sobre historias personales o asuntos relacionados.*
9. *Después de una discusión del pasaje (a lo menos durante 30 a 40 minutos), el grupo debiera recapitular lo que ha descubierto hasta ese punto.*

10. *Pida que los participantes se pregunten entre sí qué descubrimientos y pensamientos nuevos han aparecido, recogiendo varias opiniones.*
11. *Después de un resumen de los pensamientos y descubrimientos extraídos del pasaje de la Escritura, haga una pausa para tener una oración silenciosa.* Durante la oración silenciosa, cada persona debiera pedir nuevamente la iluminación del Espíritu Santo, esta vez en busca de una aplicación específica y personal en base a ese estudio de la Escritura. Pregunte:
    - ¿Qué significa esto para mí personalmente?
    - ¿Qué he aprendido acerca de Jesús?
    - ¿Qué cambios quiere él que yo haga en mi vida como resultado de una comprensión más profunda de este pasaje o promesa?
12. *Comparta aplicaciones personales dentro del grupo.*
13. *Termine con oración sobre las aplicaciones, necesidades y pedidos específicos que han surgido.*
14. *Planee un tiempo para interceder por otros, individualmente y como grupo.*
15. *Escoja un pasaje para el próximo estudio y un nuevo facilitador (opcional).*
16. *Encuentre un compañero de oración en el grupo y ore diariamente por esa persona. Por lo menos una vez por semana los compañeros debieran orar juntos.*

Un formato de oración

Jesús nos animó a seguir su enfoque en la oración, especialmente el Padrenuestro. He aquí algunas sugerencias en cuanto a cómo hacerlo. Aparecen luego de frases claves de la oración del Señor.

"Padre nuestro que estás en los cielos".

Este es el momento para la alabanza, porque somos sus hijos y él es un Padre amante. Use textos de la Escritura extraídos de los Salmos, u otras promesas, mientras lo alabamos por todo lo que él es y hace.

"Santificado sea tu nombre".

Hay muchas maneras de orar en esta parte de la oración. Algunas personas repasan los días de la creación, citando ejemplos de lo que Dios creó en ese día, y alabando a Dios por su gran poder. Repita textos bíblicos con los muchos nombres de Dios o nombres hebreos de él.

"Venga tu reino. Hágase tu voluntad, como en el cielo, así también en la tierra".

Oremos por nosotros, nuestro deseo del Espíritu Santo y nuestro anhelo de ser útiles a Dios; luego oremos por otros. Pidamos al Señor que nos muestre por quiénes orar. Además de orar por nuestra familia, oremos por nuestros pastores, maestros y dirigentes de la iglesia. También, oremos por las necesidades de nuestra comunidad.

"El pan nuestro de cada día, dánoslo hoy".

Después de encontrar las muchas promesas de la Escritura que deseamos invocar y de recordarle a Dios sus palabras, ore por sus necesidades espirituales, físicas, emocionales, profesionales y financieras.

"Y perdónanos nuestras deudas, como también nosotros perdonamos a nuestros deudores".

Pídale al Señor que nos revele las cosas de nuestra vida que él quisiera cambiar. Permítale mostrarnos nuestros pecados y darnos odio hacia esos pecados. Luego necesitamos aceptar el perdón y agradecerle por ello. Finalmente, debemos pedirle su gracia para perdonar a otros que nos han agraviado.

"Y no nos metas en tentación, mas líbranos del mal".
Pídale que nos cubra con toda la armadura de Dios, que extienda sobre nosotros el manto de la justicia de Cristo.

"Porque tuyo es el reino, y el poder, y la gloria, por todos los siglos. Amén" (Mat. 6:9-13).

COMO AYUNAR

Oración y ayuno

Las oraciones del pueblo de Dios han puesto a disposición de nosotros un poder casi increíble. La oración y la fe son nuestra conexión con Dios, quien puede hacer cualquier cosa. A lo largo de toda la Escritura vemos que Dios ha obrado en forma milagrosa para rescatar a sus hijos y para contestar sus oraciones.

David, en Salmo 18:30, La Biblia Latinoamericana, dice que "la palabra del Señor es segura", y el mensaje de la Escritura de tapa a tapa es el mismo: podemos confiar en las promesas divinas. Historia tras historia nos da una evidencia abrumadora de que él rescata, él libra, él provee, él sana.

Pedro y los discípulos pasaron diez días en oración, precisamente como Cristo les había instruido que lo hicieran. El resultado fue el Pentecostés y el derramamiento del Espíritu Santo, el cual los equipó para el servicio. Tres mil personas fueron convertidas ese día, y ese fue apenas el comienzo. Los mismos discípulos recibieron santa audacia, valor, fortaleza, y todas las demás aptitudes que necesitaban.

Pablo dice en Romanos 8:26 que nosotros no sabemos qué deseamos o qué necesitamos. Pero el Espíritu Santo sí. El interviene y realmente intercede por nosotros. Entrando en la presencia de Dios, discierne la mente divina y ora por nosotros, no siempre de acuerdo con nuestras propias oraciones, pero siempre de acuerdo con la voluntad de Dios.

El Espíritu Santo puede interrumpir nuestras oraciones porque nosotros no sabemos orar como debiéramos. Entonces lleva nuestras oraciones débiles y vacilantes hasta la misma presencia de Dios, donde son contestadas.

Muy a menudo, cuando relatamos historias de milagros de la Escritura o de tiempos más recientes, nos concentramos en los detalles emocionantes del milagro. En realidad, si retrocedemos al mismo comienzo del relato bíblico o de algún otro relato, vemos que la narración comienza con el pueblo de Dios postrado ante él en oración, y a menudo no sólo hay oración sino también ayuno. Luego, en respuesta a la oración en unidad y al ayuno de su pueblo, Dios obra sus maravillas y su pueblo llega a comprender más claramente quién es él.

Los adventistas y el ayuno

Los adventistas han usado el ayuno de dos maneras: (1) para ayudar al cuerpo físicamente en *algunos* casos de enfermedad, y (2) en conexión con la oración cuando necesitan ayuda divina especial. Puesto que el punto central de este libro es el desarrollo espiritual, aquellos que están interesados en leer una colección de consejos de Elena de White sobre el ayuno como un remedio *parcial* para *algunas* enfermedades, debieran leer *Consejos sobre el régimen alimenticio*, pp. 223-226.

Desde los primeros días de nuestro movimiento, el ayuno ha acompañado a períodos de oración apremiante. Durante las conferencias sobre el sábado y el santuario de 1848 y 1849, cuando nuestros pioneros estaban estudiando las doctrinas básicas de nuestra inexperta iglesia, extraídas de la Biblia, a veces pasaron días y noches enteros en ayuno y oración en busca de luz y dirección. En años subsiguientes, cuando surgieron necesidades urgentes, la iglesia ocasionalmente convocó a los miembros para que se uniesen en un día especial de ayuno y oración. De la misma manera, diferentes miembros, al enfrentar individualmente una crisis de una naturaleza u otra, han utilizado en forma efectiva sesiones de ayuno y oración para implorar a Dios que les diese sabiduría y orientación.

Nunca, sin embargo, los adventistas han ayunado para ganar ningún tipo de mérito delante de Dios. A cualquiera que podría estar tentado a pensar de otro modo, Elena de White advirtió: "Hay mentes desequilibradas que se imponen ayunos que las Escrituras no enseñan, y oraciones y privación de descanso y sueño que Dios nunca ha requerido. Los tales no son prosperados y confortados en sus actos voluntarios de justicia. Tienen una religión farisaica que no es de Cristo, sino de ellos mismos. Confían en sus buenas obras para la salvación, esperando vanamente ganarse el cielo mediante sus obras meritorias en vez de confiar, como debiera hacerlo todo pecador, en los méritos de un Salvador crucificado, resucitado y exaltado" (*Testimonies for the Church*, v. 1, pp. 556-557).

No importa por qué ayunemos, nunca debiéramos intentarlo como un recurso ostentoso para impresionar a otros. Antes bien, el ayuno siempre debiera estar acompañado de una genuina tristeza por el pecado y de oración en busca del perdón de Dios. Elena de White nos ha dicho: "El ayuno que la Palabra de Dios ordena es algo más que una formalidad. No consiste meramente en rechazar el alimento, vestirse de cilicio, o echarse cenizas sobre la cabeza. El que ayuna verdaderamente entristecido por el pecado no buscará la oportunidad de exhibirse" (*El discurso maestro de Jesucristo*, p. 75).

Esto puede explicar al menos parcialmente por qué Elena de White procuró disuadir a los adventistas de practicar largos ayunos, como algunos cristianos evangélicos están actualmente efectuando. Ella escribió: "Todos los ayunos del mundo no asumirán el lugar de la sencilla confianza en la Palabra de Dios. 'Pedid —dice— y recibiréis'... No se os pide que ayunéis cuarenta días. El Señor ayunó por vosotros en esta forma en el desierto de la tentación. No habrá virtud en un ayuno tal; pero hay virtud en la sangre de Cristo" (*Consejos sobre el régimen alimenticio*, p. 223).

A pesar de estas advertencias contra su posible uso equivocado o abuso, el ayuno, como descubriremos en la próxima sección, cuando es entendido y utilizado debidamente —y cuando es acompañado por ferviente oración— puede ser una experiencia poderosa para el cristiano.

Si hemos decidido ayunar, debemos preguntarnos: ¿Cuál es nuestro objetivo? ¿Es la renovación espiritual? ¿la búsqueda de orientación? ¿el sanamiento? ¿la resolución de problemas?

Planeando un ayuno exitoso

Hay diferentes clases de ayuno. Muchas personas ayunan un día por semana. Durante este tiempo sólo beben agua. Otros ayunan una comida por día, mientras aun otros se abstienen de comidas pesadas y condimentadas y en cambio consumen alimentos sencillos y comidas más livianas por un período de tiempo. Otro componente del ayuno es eliminar influencias seculares como la lectura, la radio y la televisión.

Si estamos interesados o impresionados por el pensamiento de ayunar, primeramente debiéramos orar en busca de orientación y dirección. Preguntémonos, ¿Debiera yo ayunar? Si creemos que sí, *¿qué clase* de ayuno debiera yo emprender?

Un elemento vital en el ayuno es que dediquemos tiempo extra a la oración. Durante el tiempo que usualmente tendríamos nuestra comida, podríamos tratar de orar mientras caminamos con un amigo o a solas. Al dedicar tiempo al estudio de la Biblia y a la oración, fortalecemos nuestros músculos espirituales. Y podemos esperar un mayor vigor espiritual.

La necesidad de ayunar

¿Por qué la Escritura destaca el valor del ayuno? ¿Qué puede significar el ayuno al aumentar el tiempo dedicado a la oración?

Cuando oramos, nos aferramos a lo invisible. Y cuando ayunamos, nos desprendemos de lo visible. Tanto los escritos de la Biblia como los de Elena de White ofrecen la siguiente comprensión bíblica respecto a la necesidad espiritual del ayuno:

1. El ayuno nos capacita para adquirir humildad y un sentido de perspectiva en nuestras vidas. "Y yo... humillaba mi vida con ayuno" (Sal. 35:13, Biblia de Jerusalén). "Allí, a orillas del río Ahavá, proclamé un ayuno para humillarnos delante de nuestro Dios" (Esd. 8:21, Biblia de Jerusalén). "Para ciertas cosas, el ayuno y la oración se recomiendan y son apropiados. En la mano de Dios son un medio de purificación del corazón y para promover una actitud mental receptiva. Obtenemos respuestas a nuestras oraciones porque humillamos nuestras almas ante Dios" (*Medical Ministry*, p. 283).
2. El ayunar provee más tiempo para orar, para buscar la presencia de Dios y para arrepentirnos, porque estamos más concentrados en el Señor y menos preocupados con actividades diarias como la preparación de comidas y el acto de comer, cosas que se centran más en el yo.
3. El Espíritu Santo usa el ayuno para revelar nuestra verdadera condición espiritual, conduciendo a esa contrición, arrepentimiento y cambio de carácter que le permite obrar en una forma insólita y poderosa.
4. El ayuno nos ayuda a tener claridad de pensamiento y la capacidad de concentrarnos en la Palabra de Dios, para hacerla más significativa, vital y práctica en nuestras vidas. Elena de White, explicando los estudios

bíblicos que realizaba el grupo de pioneros, escribió: "Un punto a la vez era hecho el tema de investigación. Esos concilios de investigación se caracterizaban por la solemnidad. Se abría las Escrituras con un sentido de temor reverente. A menudo ayunábamos, para que pudiésemos estar mejor equipados para comprender la verdad" (*Review and Herald*, 26 de julio, 1892).

5. El ayuno transforma la oración en una experiencia más rica, más profunda y más personal. "Es conforme a la orden de Dios que los que llevan responsabilidades se reúnan a menudo para consultarse mutuamente, y para orar con fervor por aquella sabiduría que sólo él puede impartir. Hablad menos; se pierde mucho tiempo precioso en conversación que no produce luz. Unanse los hermanos en ayuno y oración por la sabiduría que Dios ha prometido dar liberalmente" (*Obreros evangélicos*, p. 431).
6. El ayuno puede ayudarnos a recuperar un vigoroso sentido de determinación espiritual y restaurar un amor más profundo por el Señor. "De ahora en adelante hasta el fin del tiempo, los hijos de Dios debieran ser más fervientes y más despiertos, y no confiar en su propia sabiduría, sino en la sabiduría de su Caudillo. Ellos debieran dedicar días especiales al ayuno y la oración. No es necesario que se abstengan de alimento, pero debieran comer con moderación alimentos sencillos" (*Consejos sobre el régimen alimenticio*, p. 223).
7. El ayuno puede edificar nuestra fe y perseverancia, capacitándonos para que decidamos mantenernos firmes en su Palabra.

El ayuno ayuda en una cantidad de maneras

1. El ayuno es un medio primario de restauración. El hecho de humillarnos a nosotros mismos mediante el ayuno abre el camino para que el Espíritu Santo haga

su obra especial de reavivamiento en nosotros. Esto cambia nuestra relación con Dios y nos da una conciencia mayor de su realidad y presencia en nuestras vidas.

2. El ayuno reduce el poder del yo de modo que el Espíritu Santo pueda hacer una obra más intensa dentro de nosotros.
3. El ayuno trae una calma interior y dominio propio. Elimina algunas de las distracciones físicas en nuestras vidas y conduce a un ritmo más pausado y a una actitud más pacífica. "El espíritu del ayuno y la oración verdaderos es el espíritu que entrega la mente, el corazón y la voluntad a Dios" (*Id.*, p. 224).
4. El ayuno renueva la visión espiritual. Cuando sentimos que nuestra vida está fuera de control, o cuando hemos perdido nuestro primer amor por el Señor, el ayuno puede ayudarnos a concentrarnos nuevamente en el plan de Dios para nuestras vidas. El ayunar le permite al Espíritu Santo atraernos más cerca de él.
5. El ayuno inspira la determinación de aceptar el plan revelado de Dios para nuestra vida. Tal vez sepamos qué es lo que Dios quiere que hagamos, pero nos ha costado mucho llevar a cabo sus planes. El ayunar puede ayudar a fortalecer nuestra resolución y a mantenernos en el camino.
6. El ayuno puede ayudar a traer un reavivamiento.

¿Quiere usted realmente ayunar?

Por todos sus beneficios espirituales, el ayuno no es la disciplina más fácil de practicar. Para quienes no están acostumbrados a él, ayunar puede ser una lucha. Pero es un esfuerzo que vale la pena. La Escritura declara que el ayuno y la oración son medios poderosos para permitir que el fuego de Dios arda nuevamente en la vida de una persona. Este fuego produce el fruto del Espíritu: amor, gozo, paz, paciencia, benignidad, bondad, fe, mansedumbre y templanza. Más importante aún, el Espíritu Santo traerá en nuestras vidas los frutos de la justicia y el poder espiritual para resistir la concupiscencia de la carne y las mentiras de Satanás.

Mientras el ayuno y la oración hacen que el cuerpo, el alma y el espíritu se rindan a nuestro Señor y Salvador Jesucristo, también generan un elevado sentido de la presencia del Espíritu Santo. Crean un gozo nuevo, limpio, y una restaurada determinación de servir a Dios.

En su Sermón del Monte, Jesús enseñó: "*Cuando* ayunéis", y no, "*Si* ayunáis". Para los creyentes, entonces, la pregunta no es, *¿Debiera yo ayunar?*, sino, *¿Cuándo ayunaré?*

Los cristianos adventistas alrededor del mundo pueden ayunar por causa de sus hogares, iglesias y ciudades, mientras experimentan personalmente los tremendos beneficios de un crecimiento espiritual y de una creciente paz y fe.

Ayunando de las distracciones

El ayuno incluye más que abstenerse de alimento. Puede incluir tomar un descanso del ruido y la distracción de la vida cotidiana. Podemos apagar el televisor y el aparato estereofónico, poner a un lado los libros y revistas seculares, y tomar tiempo libre de nuestros deberes corrientes y usar el tiempo para asuntos espirituales. He aquí algunas cosas que usted podría hacer durante "ayunos" de ruido y confusión:

- Ore para que la voluntad de Dios se haga en su vida. ¡Ore en voz alta! Haga una caminata vespertina.
- Háblele a Dios acerca de su familia, sus amigos, sus vecinos y su trabajo.
- Juegue con algunos niños y jovencitos, mostrándoles amor y estando atento a todo lo que ellos necesitan.
- Viaje en un ómnibus de la ciudad por toda la exten-

sión de su recorrido, hablando con sus pasajeros en el camino.

- Escriba promesas bíblicas especiales en tarjetas o fichas, y memorícelas mientras camina, trota, anda en bicicleta o patina.
- Ore por la gente de países como Afganistán, Corea del Norte y la India, donde millones de personas necesitan a Cristo.
- Con sus amigos planee un picnic en el parque al amanecer para tomar juntos el desayuno.
- Entone sus cantos cristianos favoritos mientras maneja el automóvil.
- Examine sus fotografías viejas o sus anuarios escolares y ore por sus amigos que están en las fotos.
- Saque un animal doméstico de la Sociedad Humanitaria y llévelo consigo en su visita a un asilo de ancianos.
- Ore por las personas que están ministrando a la gente que sufre alrededor del mundo. Ore por los huérfanos, las víctimas de las guerras y los hambrientos.
- Fotocopie capítulos de su Biblia (por ejemplo, Isa. 55; 1 Cor. 13; Rom. 8) y memorícelos.
- Compre una versión de la Biblia que usted siempre deseaba tener y lea el libro de Hechos.
- Encuentre una persona con quien orar cada día.
- Memorice las cuatro estrofas del himno "Castillo Fuerte es Nuestro Dios".
- Compre tres kilos de bananas (unas siete libras) y entréguelas a diferentes personas que viven en la calle.
- Ore cinco veces por día por los mil millones de musulmanes que hay en el mundo.
- Háblele a alguien acerca de Jesús.
- Estudie una doctrina de la iglesia que usted nunca ha entendido.
- Memorice un versículo de los Salmos antes de cada comida.

- Lea *Viaje del peregrino*, de Juan Bunyan.
- Ore por la gente adinerada indiferente al Evangelio.
- Escríbale una carta a un amigo a quien usted no le ha hablado por largo tiempo.
- Ore por las personas a quienes ve en los negocios o por aquellas a quienes les habla por teléfono.
- Realice en su casa un estudio bíblico especial y un servicio de oración con su familia y con amigos.
- Lea el libro *Primeros escritos*, de Elena de White.
- Ore por amigos cuyos nombres vienen a su mente a la mitad del día.
- Trepe a un árbol y lea la historia de Zaqueo (Luc. 19:1-10).
- Envíe a varias personas una tarjeta postal o un mensaje electrónico diciéndoles que está orando por ellas.
- Organice un programa misionero juvenil para su iglesia.
- Haga, hornee y lleve un pan a alguien.
- Lleve flores a un desconocido en el hospital.
- Pídale a un anciano que le diga la cosa más divertida que jamás le ocurrió.
- Déle algún dinero a un mendigo que está pidiendo limosna en la calle, y pídale la oportunidad de orar juntos en ese mismo momento.
- Siempre escuche a Dios.

PREGUNTAS PARA REFLEXIONAR SOBRE **EL SEGUNDO PACTO**

Cómo orar

Pregúntese a sí mismo...

- ¿Cuáles son las cosas de las que depende el éxito de la oración? Identifique por lo menos tres factores de los cuales dependen nuestras oraciones para su efectividad.
- A veces podemos sentir que no tenemos deseos de orar o que nuestras oraciones son inútiles. ¿Cuál es la conexión entre una actitud de entrega a Dios y nuestro deseo de orar? ¿Cómo podemos aumentar nuestro nivel de confianza en nuestras oraciones?
- El familiar aforismo de Elena de White, de que "orar es el acto de abrir nuestro corazón a Dios como a un amigo" (*El camino a Cristo*, p. 93), sugiere que Dios da la bienvenida a cualquier contacto que hagamos con él. ¿Cómo podría una decisión consciente de considerar a Dios como nuestro amigo alentarnos a encontrarnos con él y hablar con él más a menudo?
- Especialmente para la juventud: Dios acepta la oración de cualquiera en cualquier lugar y en cualquier momento. ¿Alguna vez hemos dejado de orar por haber hecho algo incorrecto? ¿Escucharía Dios una oración nuestra inmediatamente después de que hemos pecado? ¿Qué clase de oración podría ser apropiada en ese momento?

Cómo ayunar

Pregúntese a sí mismo...

- Como este capítulo lo sugiere, el ayuno no es fácil y no es necesariamente un don o una disciplina que todos pueden ejercer. Para aquellos que podemos hacerlo, ¿de qué modo podemos pensar del ayuno como un don de Dios?
- ¿Es posible que el ayuno podría hacernos conscientes de una falta de disciplina dietética en la que incurrimos en otros momentos? ¿Qué debiéramos hacer respecto a nuestro desequilibrio dietético?
- Podría parecernos bueno hacer del ayuno un hábito regular. ¿Qué podríamos hacer o pensar para evitar que se convierta en un hábito físico, vacío de significado espiritual? ¿Qué actividades debieran acompañar al ayuno?
- Especialmente para la juventud: ¿Tenemos un propósito para ayunar? ¿Qué deseamos lograr al hacerlo?

"Compartiré con Gozo con Otros, en Cada Oportunidad Posible, Mi Experiencia con Cristo, los Cambios que su Amor Ha Efectuado en mi Vida, y la Esperanza que Da para el Futuro"

COMO TESTIFICAR

Si observamos a través de un agujero del tamaño de una moneda hacia casi cualquier lugar del cielo, los astrónomos estiman que allí habrá 1.500 galaxias, todas creadas por Jesús. El que hizo esas estrellas y planetas habría muerto tan sólo por nuestro vecino de al lado. Y lo habría hecho con el deseo de que nuestro vecino se sentase en el trono del universo con él (Apoc. 3:21). Sabiendo esto, ¿cómo podremos dejar de decirle a nuestro vecino en cuanto al sacrificio de Jesús y su invitación? ¿Cómo podremos dejar de testificar acerca de un Señor amante que nos ofrece el mismo amor hacia nuestro vecino que el que tiene por nosotros? "Cristo impartirá a sus mensajeros el mismo anhelante amor que tiene él para buscar a los perdidos" (*Palabras de vida del gran Maestro*, p. 187).

Cómo Dios dispone las oportunidades para testificar

Debido al insondable amor de Jesús por nuestros vecinos, él dispondrá contactos casuales que nos provean oportunidades para testificar. El también proveerá la sabiduría (ver Sant. 1:5) que necesitamos para cooperar con el Espíritu Santo en la preparación de esa persona para el inminente retorno de Cristo. Si la testificación ha de ser nuestra prioridad máxima, es vital que tengamos una mente transformada. "Desechen los cristianos todas las disensiones, y entréguense a Dios para salvar a los perdidos. Pidan con fe la bendición prometida, y ella les vendrá" (*Joyas de los testimonios*, t. 3, p. 211).

Estando la venida del Señor a las puertas, seguramente es tiempo de que reenfoquemos nuestras mentes encauzándolas de nuestras necesidades espirituales a una disposición a darnos a Dios para la salvación de los perdidos. Es tiempo que de meros espectadores nos convirtamos en participantes, que de cuidadores del acuario pasemos a ser valientes pescadores de hombres y mujeres. Nuestra iglesia existe para que alcancemos a cada persona posible con la urgencia de la hora del juicio. Si mantenemos una diaria relación con Jesús, debemos alcanzar a otros para dirigirlos a él. Al reclamar la recepción de su Espíritu, la promesa es: "Obtendrán todo el talento, el valor, la perseverancia, la fe y el tacto que requieren, cuando se pongan la armadura" (*Id.*, t. 2, p. 549). "Cuando los miembros de iglesia realicen esfuerzos fervientes para hacer avanzar el mensaje, vivirán en el gozo del Señor y experimentarán éxito" (*Testimonies*, v. 7, p. 30).

Debemos creer que Dios puede usarnos y nos usará a cada uno de nosotros para testificar. Ha empleado a las personas que parecía más improbable que pudiera usar. Era casi imposible entender nada de lo que Willie Brininger decía. No tenía el don de hablar claramente. Sin embargo, por un tiempo sobrepasó el récord de ventas de los colportores en Norteamérica.

Un pastor presentó las técnicas de dar estudios bíblicos de casa en casa a cualquiera "que pudiera sonreír y caminar". Una mujer en el seminario podía caminar pero no podía sonreír. Durante tres meses acompañó fielmente al pastor a dar estudios bíblicos cada lunes de tarde. A veces el pastor casi se sentía inclinado a decirle que ella no tenía los dones necesarios para dar estudios bíblicos. Sin embargo, después de tres años ella era una colportora de tiempo completo y había logrado siete bautismos de entre las personas a quienes les dio estudios bíblicos.

Otra persona anunció cierta vez desde el púlpito que "todo aquel que puede leer y escribir puede dar estudios bíblicos". Después de la reunión alguien acudió a ella y le dijo: "No puedo leer y escribir, pero deme algunas de esas guías de estudios de la Biblia". Esta miembro de iglesia las llevó a sus vecinos y les dijo: "No puedo leer esto, ni escribir allí las respuestas. ¿Haría usted eso para mí?" Pronto había conseguido once bautismos.

No debemos limitarnos a nosotros mismos ni nuestras aptitudes. Testificar no es difícil. Es natural y fácil. Como Jesús lo hizo, debemos mezclarnos con la gente, deseándoles su bien. Al formar amistades redentoras, ministremos las necesidades a medida que surjan. Al hacerlo, nos sorprenderemos cuando descubramos que más a menudo las mayores necesidades que otros tienen son espirituales. Dios nos guiará hacia todos los que nos rodean que están buscando ayuda espiritual, si diariamente nos entregamos a él para la salvación de los perdidos. Oremos: "¿A quién hoy, Señor, testificaré de ti?" Luego podremos observar cómo él nos trae milagrosamente oportunidades entre nuestros familiares, amigos, compañeros de trabajo y vecinos en el ómnibus, el tren, el avión, el mercado, o doquiera estemos. Dios es capaz de transformar cualquier visita casual en preguntas sobre la vida, la muerte o el futuro. Esté atento a las oportunidades y ore pidiendo palabras para dirigir la conversación hacia Jesús y para recibir las respuestas que necesitamos mediante su Palabra.

Cómo compartir la verdad bíblica con otros

"Su paz en el corazón se reflejará en el rostro. Dará a la voz un poder persuasivo" (*El ministerio de curación*, p. 409). Cuando la gente note el gozo y la paz que tenemos, comenzarán a confiar en nosotros y nos harán preguntas sobre asuntos de actualidad mencionados en las noticias o de qué modo hacer frente a las dificultades. Luego podemos abrir nuestras Biblias y decir: "Enfrenté una pregunta [o experiencia] similar, y este texto [o promesa] me fue de gran ayuda". Cuando la persona responde favorablemente, no debemos detenernos allí sino dar un paso más. Tenga a mano en todo momento la primera guía de un curso bíblico, como ser *La fe de Jesús* o *Paz para vivir*. Sacándola, podemos decir: "He encontrado esto muy útil para contestar muchas de las preguntas básicas de la vida. Me gustaría compartirlo con usted. Llévelo a su casa, y mañana [o la fecha más conveniente] dígame si le ha gustado". Si les ha agradado, déles la siguiente guía y pídales que llenen la hoja de respuestas. Diga: "Yo también lo estoy haciendo, y tal vez podemos comparar nuestras respuestas".

Así comenzará una serie de estudios bíblicos en la cual, a medida que se desarrolla nuestra amistad, podremos repasar y discutir las preguntas que están en las guías y compartir nuestra experiencia con Jesús. Al mismo tiempo procuraremos conducirlos a una decisión en cada lección. Este tipo sistemático de testificación es el más gratificador, cuando edificamos sobre la comprensión de la Biblia que va adquiriendo la otra persona y la conducimos primero a una relación con Jesús y luego, paso a paso, al gozo de la obediencia, el bautismo, el llegar a ser miembro de iglesia y el pertenecer a un grupo pequeño de compañerismo cristiano. Finalmente, al darle apoyo y entrenamiento, la persona compartirá con nosotros el gozo de la testificación.

Otra manera de concertar estudios bíblicos sistemáticos es ir de puerta en puerta con una encuesta o una guía bíblica de estudio. "Esta labor de casa en casa, para buscar a las almas, para recoger a las almas perdidas, es la obra más esencial que pueda realizarse" (*El evangelismo*, p. 316). Un dirigente de testificación tuvo el privilegio de entrenar a un grupo que inició 5.640 estudios bíblicos.

Antes de que Doug se uniese a la iglesia, le dijo a una persona que había venido para testificarle del Evangelio: "O usted sale por esa puerta o yo lo empujaré por aquella ventana". Pero Dios puede cambiar los peores escenarios. Recientemente Doug y su aprendiz dejaron guías bíblicas de la serie *Descubra* en 139 hogares. ¡Seis semanas más tarde 89 personas habían llegado a la lección 10! Doug dice ahora: "Algunas personas dicen que la obra de puerta en puerta no es lo que solía ser antes. Alabado sea Dios que no es así. Nunca ha sido mejor que ahora". Con oración y con un enfoque simple, positivo y preciso, encontraremos que la mayoría de las personas aceptan en la puerta la primera guía para el estudio de la Biblia.

He aquí una lista de otros probables candidatos para recibir estudios bíblicos sistemáticamente: visitas a la iglesia, amigos de personas recién bautizadas, miembros que faltan, personas que han comprado libros a colportores, patrocinadores de Servicios a la Comunidad, y listas de interesados provistas por nuestras revistas adventistas. Personas expuestas a programas adventistas como *La Voz de la Esperanza* y *Está Escrito,* y a revistas misioneras como *El Centinela*, proveen otros posibles contactos. También cónyuges no adventistas de miembros de iglesia, ex asistentes a seminarios y reuniones evangelísticas, padres no adventistas de alumnos que van a nuestras escuelas y academias, padres de niños que asisten a las Escuelas Bíblicas de Vacaciones, y pacientes de médicos adventistas, pueden constituir interesados potenciales en el Evangelio.

Secretos del éxito en la formación de amistades

He aquí algunos secretos para ganar la confianza de las personas y formar amistades productivas y redentoras. "Vuestro éxito no dependerá tanto de vuestro saber y talento, como de vuestra capacidad para conquistar corazones" (*Obreros evangélicos*, p. 201). "La fuerza de nuestro Salvador no residía en un gran despliegue de palabras agudas que penetraran hasta el alma; era su amabilidad y sus modales sencillos y sin afectación lo que le conquistaba los corazones" (*Joyas de los testimonios*, t. 1, p. 404). "Satanás está tratando constantemente de producir efectos por medio de rudas y violentas embestidas; pero Jesús encontraba acceso a las mentes por el camino de sus asociaciones más familiares. El perturbaba tan poco como era posible el tren habitual del pensamiento de la gente" (*El evangelismo*, pp. 106-107).

Debiéramos orar continuamente por el amor y el tacto que Jesús mostró a otros. "Jesús no suprimía una palabra de la verdad, pero siempre la expresaba con amor" (*El camino a Cristo*, p. 12). "En cada ser humano discernía posibilidades infinitas" (*La educación*, p. 75). En adición, podemos conceder atención especial a sus métodos de testificación como están bosquejados en *El Deseado de todas las gentes*. Al interesarnos intensamente en la otra persona, podemos honestamente decir: "Tú eres una persona especial. Dios tiene un plan para tu vida". La gente responderá favorablemente a esa actitud nuestra.

"Los tonos de la voz tienen mucho que ver para que

afectemos los corazones de aquellos que oyen" (*Testimonies*, v. 2, p. 615). No debemos cruzarnos con los demás o mortificarlos intencionalmente. Ni debemos condenar o argumentar. Aunque podamos ganar el argumento, podemos perder el alma. Aun si la persona es argumentativa, no debemos oponernos a ella o volvernos insistentes. "Cristo no salva a nadie contra su elección" (*Id.*, v. 3, p. 457). "Honrad a todos" (1 Ped. 2:17). El aceptar a la gente donde ellos están en su estilo de vida y comprensión de las cosas, nos permitirá trasladarnos suavemente desde su pequeña isla personal hasta donde Dios quiere que estén. Sólo el Espíritu Santo sabe exactamente dónde está la gente en su viaje al cielo. Pero podemos captar una idea de ello si escuchamos cuidadosamente lo que ellos nos dicen.

Consideremos, por ejemplo, el caso de que hayamos hecho arreglos para dar una serie de estudios bíblicos a alguien de quien no teníamos el menor conocimiento de su comprensión o interés en las cosas espirituales. ¿Qué haremos si al golpear la puerta para dar el primer estudio, la persona nos dice: "¿Cree usted en el don de lenguas?" ¿Cómo debiéramos responder?

La persona a quien esto realmente le ocurrió no sabía qué creía la mujer y no quería levantar un muro de separación entre ellas. Orando por sabiduría, le devolvió la pregunta: "¿Y que cree *usted* sobre eso?" "Creo que es del diablo", replicó la mujer. ¿Qué habría pasado si la persona que testificaba no hubiese escuchado a la mujer primero, antes de expresar su propia creencia? ¿No es mejor escuchar primero y luego basarse en lo que la persona cree?

Durante nuestra visita inicial debemos siempre escuchar cuidadosamente cualquier cosa que la persona comparta. En forma tranquila y sosegada, haremos luego preguntas inofensivas, como ser respecto a la familia o a la ocupación de la persona. Luego, cuando el individuo se siente a gusto, podemos invitarlo a que comparta algo sobre su trasfondo religioso. Si la persona es receptiva, podemos compartir nuestro propio testimonio. No debemos predicar, sino dar un testimonio sencillo de nuestra relación con Jesús, adaptándolo a las necesidades que la persona ha expresado. Esto le ayudará a que simpatice tanto con nosotros como con Jesús.

Cuando damos un estudio, debemos colocarnos al nivel del estudiante. "Veamos qué podemos aprender juntos", podemos decir. Al cumplimentar a la persona en todas las maneras posibles, estaremos de acuerdo con ella en cada punto que podamos, mientras que ignoraremos cualquier error presentado hasta que hayamos cubierto ese tema. Hasta entonces, podemos decir: "Comprendo cómo se siente usted". Al avanzar al ritmo del estudiante, preguntaremos a menudo si un punto determinado es claro y luego usaremos ilustraciones sencillas para hacerlo comprensible. Al escuchar constantemente y observar los ojos y el lenguaje corporal, podemos aprender mucho sobre una persona. Si mantenemos el estudio ágil e interesante, evitaremos que la persona se aburra.

Dios lo usará

Muchas personas piensan que los adventistas son gente de cara larga con una serie de "no se puede hacer esto" y "no haga esto". Pero una relación diaria con Jesús nos impulsará a decir a otros cuán grandes cosas él ha hecho por nosotros, y no lo que no podemos hacer. Al hacerlo así testificaremos en cuanto a Jesús, proclamando y demostrando su bondad, amor, justicia, perdón y victoria. Reflejaremos la paz y certeza que él provee. Nuestro primer blanco no es convencer a la gente de que tenemos la verdad, sino de suscitar una respuesta del corazón y la consagración a un Salvador personal viviente, quien es la respuesta a todas sus necesidades. Nuestros 27 puntos de fe son importantes sólo cuando conocemos a Jesús como un Amigo y lo aceptamos como Salvador y Señor. Debemos describir a Cristo como el centro de toda doctrina. Pero para hacer eso, nosotros mismos necesitamos conocer a Jesús íntimamente y permanecer cada día en una constante unión con él, como "el pámpano con la vid". De esa manera la testificación se convierte en el mejor nutriente que exista como también en el cumplimiento de la comisión evangélica.

Muchas guías de estudios bíblicos tienen este enfoque vital. Conducen al estudiante a una decisión en favor de Jesús como Salvador y Señor, y luego, suave y discretamente, ayudan a incorporar la obediencia dentro de esa relación.

En todo nuestro testimonio, debemos depender constantemente del Espíritu Santo (ver *Joyas de los testimonios*, t. 3, p. 212) y de la oración (ver *El Deseado de todas las gentes*, pp. 329-330). Luego esperemos el éxito, porque lo tendremos (ver *Welfare Ministry*, p. 101; *Joyas de los testimonios*, t. 2, p. 547; *Testimonies*, v. 7, p. 30). Dios puede usarnos a cada uno de nosotros, ya sea que seamos jóvenes o ancianos, ricos o pobres, altamente educados o no.

COMO RESPONDER A DIOS CON TODO LO QUE TENGO

Cuando comprendemos la grandeza de Dios, su imponente poder y su maravilloso plan de salvación, naturalmente respondemos como lo hizo el rey David hace casi 3.000 años: "¿Qué pagaré a Jehová por todos sus beneficios para conmigo?" (Sal. 116:12). Luego respondió su propia pregunta al agregar: "Tomaré la copa de la salvación, e invocaré el nombre de Jehová. Ahora pagaré mis votos a Jehová delante de todo su pueblo" (vers. 13 y 14). Nunca podremos pagarle al Señor por todas sus bendiciones, pero sí podemos responder, como lo hizo David, siendo fieles en nuestra relación de mayordomos de Dios. Dios ha bosquejado un plan simple que es una parte tangible, visible de nuestra relación de pacto con él.

Esta relación de pacto entre Dios y la humanidad descansa sobre mutuas promesas: "El que dio a su Hijo unigénito para que muriera por vosotros, ha hecho un pacto con vosotros. El os da sus bendiciones y en cambio requiere que le llevéis vuestros diezmos y ofrendas" (*Consejos sobre mayordomía cristiana*, p. 80). Nuestra fidelidad en nuestra mayordomía, entonces, es una señal de nuestra continua relación de pacto con Dios.

Para comprender mejor nuestra relación con Dios necesitamos considerar varios modelos bíblicos:

Dios es el Pastor; nosotros somos las ovejas.

Dios es nuestro Padre; nosotros somos sus hijos.

Dios es eterno; nosotros somos como vapor.

Dios es el Creador; nosotros somos sus criaturas.

Y en nuestra relación de mayordomía:

Dios es el Dueño; nosotros somos sus mayordomos.

El verdadero Dios se distingue de todos los demás por el hecho de que él es el Creador. Y como Creador, es el dueño de todo. Nosotros somos simplemente sus administradores. "De Jehová es la tierra y su plenitud; el mundo, y los que en él habitan" (Sal. 24:1). "Si yo tuviese hambre, no te lo diría a ti; porque mío es el mundo y su plenitud" (Sal. 50:12). "El cimiento de la integridad comercial y del verdadero éxito es el reconocimiento del derecho de propiedad de Dios. El Creador de todas las cosas es el propietario original. Nosotros somos sus mayordomos. Todo lo que tenemos es depósito suyo para ser usado de acuerdo con sus indicaciones" (*La educación*, p. 133).

La mayordomía es más que el dinero

"Somos mayordomos de Dios, a quienes él ha confiado tiempo y oportunidades, capacidades y posesiones, y las bendiciones de la tierra y sus recursos. Somos responsables ante él por su empleo adecuado. Reconocemos que Dios es dueño de todo mediante nuestro fiel servicio a él y a nuestros semejantes, y al devolver los diezmos y al dar ofrendas para la proclamación de su Evangelio y para el sostén y desarrollo de su iglesia. La mayordomía es un privilegio que Dios nos ha concedido para que crezcamos en amor y para que logremos la victoria sobre el egoísmo y la codicia. El mayordomo fiel se regocija por las bendiciones que reciben los demás como fruto de su fidelidad" (Creencias Fundamentales, N.º 20).

Vivir una vida cristiana significa someternos al Señor, renunciar a nosotros mismos y aceptar a Cristo y su camino. Cuando damos todo lo que somos y tenemos a Dios, a quien esto de cualquier manera pertenece, él lo acepta; pero luego nos coloca nuevamente a cargo de ello, haciéndonos mayordomos, o guardianes, de todo lo que poseemos.

Mayordomos del tiempo

Decimos que el tiempo vuela. Con eso queremos significar que parece pasar tan rápidamente que no somos capaces de usarlo tan efectivamente como desearíamos poder hacerlo. La mayoría de las personas están tan ocupadas actualmente que tienen muy poco o nada de "tiempo libre". Aunque no estén en su lugar de trabajo todavía continúan en servicio a través de señales electrónicas, teléfonos celulares, máquinas fax y correo electrónico (*e-mail*). Nuestros programas de trabajo están tan recargados que es tremendamente desgastador sólo el tratar de mantenernos al día. Sin embargo, en medio de nuestro estilo de vida tan agitado, Dios dice: "Estad quietos, y conoced que yo soy Dios" (Sal. 46:10). El sábado, como el diezmo, es santo, y el hecho de darlo a Dios es un reconocimiento de su posición como el gran Dios-Creador.

Dios dice: "Acuérdate del día de reposo para santificarlo. Seis días trabajarás, y harás toda tu obra; mas el séptimo día es reposo para Jehová tu Dios; no hagas en él obra alguna" (Exo. 20:8-10). Al apartar el sábado como un tiempo santo honramos a Dios como Creador y le decimos que estamos descansando en él. El tiempo fuera de las horas de sábado que apartamos para Dios y para otros, entonces, es de algún modo comparable a las ofrendas que damos a Dios en adición al diezmo.

Mayordomos de los talentos

En adición a nuestro tiempo, cada uno de nosotros tenemos talentos, dones y aptitudes. Dios nos ha bendecido con estos bienes de modo que podamos proveer para nosotros mismos y ayudar a promover su causa. Cuando ejercitamos nuestra responsabilidad como mayordomos en esta área de nuestras vidas, usando nuestros dones para bendecir a otros, honramos y glorificamos el nombre de Dios. "Si, pues, coméis o bebéis, o hacéis otra cosa, hacedlo todo para la gloria de Dios" (1 Cor. 10:31). Como cristianos, una de nuestras principales inquietudes debiera ser, "¿Cómo puedo usar los talentos que Dios me ha dado en la manera más efectiva a fin de edificar su reino?"

Mayordomía de nuestro templo corporal

Vivir en forma sana es simplemente ejercer la mayordomía de nuestros cuerpos, los cuales reconocemos como el templo del Espíritu Santo. No es un asunto de "obras" el que escojamos un estilo de vida vegetariano o que intentemos mantener nuestro peso ideal. En cambio, agradecemos a Dios por el conocimiento científico oportuno y los consejos prácticos que nos ha dado, que contribuyen a nuestra salud y felicidad. Cuando se entiende la mayordomía correctamente, es una experiencia gozosa practicar una vida saludable. Una comprensión de las leyes de la salud nos permite beneficiarnos con esa "vida en abundancia" que él vino para asegurarnos.

Dios tiene derechos sobre nosotros no sólo por su posición como Creador sino también porque es nuestro Redentor. "¿O ignoráis que vuestro cuerpo es templo del Espíritu Santo, el cual está en vosotros, el cual tenéis de Dios, y que no sois vuestros? Porque habéis sido comprados por precio; glorificad, pues, a Dios en vuestro cuerpo y en vuestro espíritu, los cuales son de Dios" (1 Cor. 6:19-20).

Como mayordomos cristianos tenemos el privilegio de desarrollar nuestras facultades físicas y mentales al máximo de nuestra capacidad y de nuestras oportunidades. Al hacerlo, honramos a Dios y resultamos ser una mayor bendición para nuestros semejantes.

Mayordomos de nuestro ambiente

Muchos cristianos están comenzando a comprender su responsabilidad como mayordomos respecto a la Tierra, nuestro ambiente. Debido a que una mayoría de los habitantes de la Tierra han fracasado en comprender esto, enfrentamos actualmente problemas ambientales serios, que están casi fuera de control. Los recursos combinados de nuestra iglesia no serían suficientes para revertir la contaminación de nuestro planeta. Pero podemos hacer nuestra parte al no tirar desechos en la vía pública, no fumar, y manteniendo nuestros jardines y hogares atractivos, como también nuestras iglesias y escuelas. "Entonces dijo Dios: Hagamos al hombre a nuestra imagen, conforme a nuestra semejanza; y señoree...en toda la tierra" (Gén. 1:26). Lo que hacemos en este mundo es una práctica para la tierra renovada.

Aparentemente, Dios clasificó a aquellos que dañan la Tierra como entre los pecadores que son destruidos al fin del juicio. Los veinticuatro ancianos en el cielo adoran a Dios y dicen: "Y se airaron las naciones, y tu ira ha venido, y el tiempo de juzgar a los muertos, y de dar el galardón a tus siervos los profetas, a los santos, y a los que temen tu nombre, a los pequeños y a los grandes, y de destruir a los que destruyen la tierra" (Apoc. 11:18).

Mayordomía de la verdad

Tal vez el área de la mayordomía más mal comprendida y sin embargo más importante es la de nuestra mayordomía de la verdad. La Biblia nos dice claramente que somos "servidores de Cristo, y administradores de los misterios de Dios. Ahora bien, se requiere de los administradores, que cada uno sea hallado fiel" (1 Cor. 4:1-2). Por lo tanto, debemos compartir lo que sabemos acerca de Dios. Como mayordomos de la verdad, somos responsables por las buenas nuevas sobre el gran plan de salvación. Podemos ejercer nuestra mayordomía individualmente compartiendo nuestro testimonio. Y podemos hacerlo colectivamente como familia de la iglesia trabajando juntos para promover la causa de Dios.

"Por tanto, id, y haced discípulos a todas las naciones, bautizándolos en el nombre del Padre, y del Hijo, y del Espíritu Santo; enseñándoles que guarden todas las cosas que os he mandado; y he aquí yo estoy con vosotros todos los días, hasta el fin del mundo" (Mat. 28:19-20).

Mayordomía de nuestro tesoro

La mayoría de nosotros, cuando consideramos la mayordomía, pensamos primeramente y sólo en cuanto al dinero. Pero como ya lo hemos analizado, la mayordomía y la consagración a Dios abarcan todos los aspectos de la vida. Sin embargo, el uso que hagamos del dinero y de otros asuntos de valor que poseemos es quizás la indicación mayor de nuestra verdadera relación con Dios. Es también uno de los aspectos más visibles de la mayordomía.

En los antiguos registros de la Escritura tenemos informes de que Abrahán diezmaba fielmente (Gén. 14:20) como también Jacob (Gén. 28:22). Aparentemente, siempre desde la caída de la humanidad, Dios ha usado el sistema del diezmo como una prueba de lealtad. "El Señor colocó a nuestros primeros padres en el huerto del Edén. Los rodeó con todo lo que podría servir para su felicidad y les pidió que lo reconocieran como el poseedor de todas las cosas. Hizo crecer en el huerto todo árbol agradable a los ojos o bueno para comer. Pero se reservó uno entre todos ellos. Adán y Eva podían comer libremente de todos los demás; pero de ese árbol especial Dios dijo: 'No comerás'. Eso constituía la prueba de su gratitud y lealtad a Dios.

"Así también el Señor nos ha impartido el tesoro más rico del cielo al darnos a Jesús. Con él nos ha dado todas las cosas para que disfrutemos de ellas abundantemente. Los productos de la tierra, las cuantiosas cosechas, los tesoros de oro y plata, son sus dones. Ha entregado a los hombres casas y tierras, alimento y vestido. Nos pide que lo reconozcamos como el Dador de todas las cosas, y por esta razón ha dicho: De todas vuestras posesiones me reservo la décima parte para mí mismo, además de los donativos y las ofrendas, que deben ser llevados a mi tesorería. Esto constituye la prueba de la provisión que Dios ha hecho para promover la obra del Evangelio" (*Consejos sobre mayordomía cristiana*, pp. 69-70). La verdadera motivación para diezmar es devolver al Señor su porción de las bendiciones que recibimos. En otras palabras, no diezmamos para obtener bendiciones. ¡Le damos el diezmo de las bendiciones que él ya nos ha dado!

Un diezmo fiel

A fin de ser fieles y honestos con Dios, debiéramos considerar tres factores fundamentales. El primero es la *porción*, la cantidad del diezmo. La Biblia usa "diezmo" y "décima parte" en forma intercambiable. Por ejemplo, Abrahán y Jacob dieron un diezmo. La porción, entonces, es el diez por ciento de nuestros ingresos si somos empleados, o el diez por ciento de nuestras utilidades o ganancias si tenemos un negocio por cuenta propia.

El segundo factor es el de *lugar*. Puesto que el diezmo es del Señor y es santo (Lev. 27:30), debemos colocarlo donde él nos pide que lo hagamos. El nos dice claramente: "Llevad el diezmo íntegro a la casa del tesoro" (Mal. 3:10, Biblia de Jerusalén). En los tiempos bíblicos la casa del tesoro era un cuarto en el templo, el tesoro del cual los sacerdotes pagaban a los levitas. A lo largo del tiempo siempre ha habido algunos que han querido mejorar el plan de Dios y usar su propia discreción con respecto al diezmo de Dios. Dios les dijo a los israelitas mediante Moisés: "El lugar que Jehová vuestro Dios escogiere de entre todas vuestras tribus, para poner allí su nombre para su habitación, ése buscaréis, y allá iréis. Y allí llevaréis vuestros holocaustos, vuestros sacrificios, vuestros diezmos... No haréis como todo lo que hacemos nosotros aquí ahora, cada uno lo que bien le parece... Cuídate de no ofrecer tus holocaustos en cualquier lugar que vieres; sino que en el lugar que Jehová escogiere... Allí harás todo lo que yo te mando" (Deut. 12:5-14).

Nuestra iglesia ha establecido la oficina de la asociación como la casa del tesoro de la cual los pastores reciben su sueldo. Por conveniencia, devolvemos el diezmo en la iglesia local, y el tesorero local lo envía a la "casa del tesoro" o tesorería de la asociación.

El tercer factor es el del *propósito*. Puesto que el diezmo es del Señor, no es una ofrenda. Por lo tanto, el uso que hagamos del diezmo no ha de ser según nuestro propio criterio, sino de acuerdo con la instrucción de Dios. Dios dijo: "A los levitas he dado por heredad los diezmos de los hijos de Israel" (Núm. 18:24). Puesto que los levitas eran obreros de tiempo completo para el Señor, Dios usaba su diezmo para sostenerlos.

Modelo bíblico

La Iglesia Adventista ha escogido seguir en la actualidad el modelo bíblico: "El diezmo es del Señor, y aquellos que se entrometen con él serán castigados con la pérdida de su tesoro celestial a menos que se arrepientan. Que la obra no sufra impedimentos por más tiempo debido a que el diezmo ha sido desviado a varios canales que no son aquel a donde el Señor ha dicho que debiera ir. Debe hacerse provisión para estas otras líneas de trabajo. Tienen que ser sostenidas, pero no del diezmo. Dios no ha cambiado; el diezmo todavía debe usarse para el sostén de los ministros" (*Testimonies*, v. 9, pp. 249-250).

Las ofrendas son "la capa dulce" de nuestra mayordomía financiera. Dios nos ha dicho que traigamos ofrendas según él nos ha prosperado. No ha establecido un porcentaje fijo de ingreso que determina el monto de nuestras ofrendas. Están basadas simplemente en nuestra buena voluntad. La iglesia puede sugerir porcentajes, pero la decisión es algo entre nosotros y el Señor. También tenemos completo albedrío en cuanto al uso de nuestras ofrendas, qué proyectos hemos de apoyar. La mayordomía nos mantiene concentrados en nuestro blanco final en la vida: pasar la eternidad con Jesús. "Porque ¿qué aprovechará al hombre si ganare todo el mundo, y perdiere su alma? ¿O qué recompensa dará el hombre por su alma?" (Mar. 8:36-37).

Nuestra responsabilidad como mayordomos cristianos es tomar los bienes que Dios nos ha dado —tiempo, talentos, el templo de nuestro cuerpo, la abundancia de la tierra, la verdad que conocemos acerca de Dios y nuestras posesiones— y usarlos sabiamente, con la perspectiva de arrojar ganancias para el reino de Dios.

PREGUNTAS PARA REFLEXIONAR SOBRE
EL TERCER PACTO

[**Sección "Cómo testificar"**]

Pregúntese a sí mismo...

- ¿Cuáles son algunas maneras como puedo mantenerme al tanto de la visión secular del mundo y conectado con mi comunidad sin arriesgar mis valores cristianos?
- ¿Es el fruto del Espíritu Santo tan claramente evidente en mi vida que otros se sienten inclinados a desear dicha experiencia? Si no, ¿qué pasos específicos puedo dar para asegurarme de que yo refleje las características semejantes a Cristo sobre una base más firme?
- Haga una lista de algunos individuos (en el hogar, la escuela, el trabajo, el vecindario, la comunidad, etc.) que en este momento parece que necesitan oír acerca del amor de Jesús y la esperanza que él trae a su futuro. ¿Cómo podría yo satisfacer las necesidades de esas personas en una forma que no sea amenazadora y que edifique la amistad?
- Especialmente para la juventud: ¿Cómo pueden usarse mi energía y mis ideas creativas para testificar por Jesús?

[**Sección "Cómo responder a Dios con todo lo que tengo"**]
Pregúntese a sí mismo...

- ¿Se caracteriza mi vida por la sencillez y el equilibrio? ¿Qué áreas necesitan mejoramiento? El hacer esos cambios en mi estilo de vida, ¿cómo podría ayudarme a ejercer una mejor mayordomía sobre los diferentes recursos que Dios me ha dado?
- ¿Qué podría yo estar "atesorando" que Dios podría usar para sus propósitos y su gloria?
- ¿Estoy ofreciéndoles a otros como modelo (a miembros de la familia, condiscípulos, nuevos miembros de iglesia, etc.) un patrón de dar y de ejercer la mayordomía que es semejante a Cristo y digno de emulación? ¿Qué pasos puedo dar ahora mismo para asegurar un enfoque más responsable y consecuente de mi mayordomía en todas las áreas?
- Especialmente para la juventud: ¿Qué talentos y/o recursos podría Dios estar llamándome a compartir en una forma especial para él?

CUARTO PACTO

"Serviré con Amor a Jesucristo como Mi Señor y Salvador, y Mediante su Poder Prepararé Mi Vida para su Pronto Retorno"

COMO PREPARARSE PARA LOS ENGAÑOS DE LOS ULTIMOS DIAS ANTES DEL REGRESO DE CRISTO

Jesús dijo: "Porque se levantarán falsos Cristos, y falsos profetas, y harán grandes señales y prodigios, de tal manera que engañarán, si fuere posible, aun a los escogidos" (Mat. 24:24). Elena de White predijo en los últimos capítulos de *El conflicto de los siglos* que los engaños finales de Satanás se parecerán muy de cerca a la verdad. Ella habla de la "obra maestra de seducción" de Satanás (p. 618) y del "engaño más poderoso" que "resulta casi irresistible" (p. 682). ¿Cómo se prepara el pueblo de Dios para estos engaños de los últimos días?

Acepte el hecho de que los engaños serán reales y que están por venir

A Satanás le agrada que intentemos racionalizar u ofrecer disculpas por las profecías que exponen el alcance de los engaños finales. Si como pueblo de Dios ignoramos estas predicciones o no las aceptamos, no estaremos listos para el conflicto final, y las mentiras de Satanás nos arrebatarán. Nuestra experiencia será similar a la de aquellos que rechazan la existencia de Satanás. No tendrán protección contra sus estratagemas engañosas, y por lo tanto serán fácil presa del enemigo.

Sólo cuando aceptamos la realidad de la gran controversia estaremos en la posición de reconocer la magnitud de esos engaños masivos, de detectarlos cuando aparecen, y de explicarnos a nosotros mismos y a otros por qué existen. Ser advertido y aceptar esas advertencias son los primeros pasos en nuestra preparación para sobrevivir a la más extensa y engañosa campaña que Satanás jamás ha lanzado contra el pueblo de Dios. El sabe que este es el fin, de modo que sacará todas las señales de alto del camino para destruir a cuantos pueda.

Someta todo a prueba mediante la Biblia

Como los famosos perros que olfatean en busca de bombas y que hemos llegado a conocer en los noticieros, sólo la Escritura detectará el lugar donde yace el peligro. Debemos rechazar todo aquello que no suena como verdadero cuando se lo compara con la Biblia. El apóstol Pablo aconsejó a los creyentes en Tesalónica: "Estad firmes, y retened la doctrina que habéis aprendido, sea por palabra, o por carta nuestra" (2 Tes. 2:15). El principio que Pablo establece aquí es vital hoy. Hemos de permanecer firmes al retener todo lo que la Biblia enseña. Pero a fin de hacer eso, debemos tomar tiempo para fijar las verdades de la Biblia en nuestras mentes. No podemos detectar el error, ni el Espíritu Santo puede alertarnos contra el engaño, si no hemos fortalecido nuestras mentes con la verdad antes de que el error y los engaños nos ataquen. Reflexionemos sobre el siguiente consejo y advertencia de Elena de White:

"El contrahacimiento se asemejará tanto a la realidad,

que será imposible distinguirlos sin el auxilio de las Santas Escrituras. Ellas son las que deben atestiguar en favor o en contra de toda declaración, de todo milagro... Sólo los que hayan fortalecido su espíritu con las verdades de la Biblia podrán resistir en el último gran conflicto" (*El conflicto de los siglos*, p. 651).

"Sólo los que hayan estudiado diligentemente las Escrituras y hayan recibido el amor de la verdad en sus corazones, serán protegidos de los poderosos engaños que cautivarán al mundo... El tiempo de prueba llegará para todos" (*Id.*, p. 683).

"Todos aquellos cuya fe no esté firmemente cimentada en la Palabra de Dios serán engañados y vencidos" (*Id.*, p. 616).

"Bien sabe Satanás que todos aquellos a quienes pueda inducir a descuidar la oración y el estudio de las Sagradas Escrituras serán vencidos por sus ataques" (*Id.*, p. 573).

Un conocimiento de la Biblia nos protegerá contra todos los engaños de Satanás.

Conozca qué formas asumirán los engaños finales

Jesús profetizó en Mateo 24:24 que los engaños satánicos de los últimos días vendrán a través de falsos cristos y falsos profetas. También dijo que tales mentiras serán tan hábiles que, de ser posible, engañarán aun al pueblo de Dios. A la profecía de Jesús, los apóstoles Pablo y Juan añaden lo siguiente:

1. Satanás obrará mediante el inicuo "con gran poder y señales y prodigios mentirosos" (2 Tes. 2:9).
2. Satanás también operará a través de "espíritus engañadores y... doctrinas de demonios; por la hipocresía de mentirosos" (1 Tim. 4:1-2).
3. Las fuerzas de Satanás producirán grandes señales. Imitando a Elías, harán descender fuego del cielo, engañando a la gente de la tierra (Apoc. 13:13-14).

4. Espíritus demoníacos obrarán a través de la trinidad impía —la bestia, el falso profeta y el dragón— y realizarán señales tan asombrosas que podrán guiar a los gobernantes del mundo y a sus habitantes a la "batalla de aquel gran día del Dios Todopoderoso" (Apoc. 16:13-14).

En vista de los pasajes bíblicos citados, haríamos bien en considerar el hecho de que "poco a poco Satanás ha preparado el camino para su obra maestra de seducción: el desarrollo del espiritismo. Hasta ahora no ha logrado realizar completamente sus designios; pero lo conseguirá en el poco tiempo que nos separa del fin" (*El conflicto de los* siglos, p. 618).

Estos pasajes revelan un cuadro general de las formas en las que Satanás obrará. Impulsará a falsos maestros a presentar mentiras tan astutamente elaboradas que engañarían aun al pueblo de Dios si no fuera por su conocimiento de la Biblia. Creará señales y prodigios poderosos. Mediante la impía trinidad, los demonios conducirán al mundo a su destrucción. Todos estos medios de engaño serán una parte de la obra maestra de Satanás: el espiritismo. Cuando Elena de White escribió las palabras mencionadas antes, las formas modernas del espiritismo estaban en su infancia. El espiritismo logrará su pleno poder para engañar "en el poco tiempo que nos separa del fin". Debido a que éste será el principal vehículo mediante el cual Satanás obrará en el tiempo del fin, debemos considerar más a fondo en qué consiste este engaño.

Domine todo lo que la Biblia enseña acerca de la muerte

Las declaraciones de la Biblia sobre la condición humana en la muerte se ubican en tres categorías generales:

1. Tanto el Antiguo como el Nuevo Testamento enseñan que la muerte es una condición inconsciente com-

parada simbólicamente con el sueño o el estado de dormir. Busque en una concordancia la palabra "dormir" y sus derivados, y encontrará numerosas referencias a ese paralelismo.

2. La muerte no tiene actividad consciente o mental. David declaró que los muertos no alaban a Dios (Sal. 115:17).
3. La tercera categoría abarca apenas un puñado de pasajes que parecen apoyar la enseñanza errónea de la existencia de un alma inmortal. Pero recuerde, debemos interpretarlos a la luz de la abrumadora evidencia bíblica de que la muerte es una condición de total inconsciencia.

En vista de los engaños de los últimos días, ¿por qué es tan importante comprender lo que la Biblia dice sobre la muerte? "Merced a los dos errores capitales, el de la inmortalidad del alma y el de la santidad del domingo, Satanás prenderá a los hombres en sus redes" (*El conflicto de los siglos*, p. 645). Al aceptar esta declaración al pie de la letra, vemos por qué es vital comprender claramente la doctrina bíblica del estado de los muertos.

No confíe en sus sentidos

Elena de White explica por qué es vital saber qué enseña la Biblia sobre la muerte: "Muchos tendrán que vérselas con espíritus de demonios que personificarán a parientes o amigos queridos y que proclamarán las herejías más peligrosas. Estos espíritus apelarán a nuestros más tiernos sentimientos de simpatía y harán milagros con el fin de sostener sus asertos. Debemos estar listos para resistirles con la verdad bíblica de que los muertos no saben nada y de que los que aparecen como tales son espíritus de demonios" (*Id.*, p. 616).

Algunos se sorprenden cuando leen esta declaración por primera vez. Ciertamente Dios no permitiría que una cosa tal le ocurra a su pueblo, y seguramente Satanás consideraría una pérdida de tiempo y energía presentar tal engaño a aquellos que conocen la verdad sobre la muerte. Pero esto ocurrirá y en verdad ya ha ocurrido.

Una niña menor de dos años murió en Africa hace algunos años. Los padres, fieles misioneros, lloraron su pérdida. Pocas semanas después del funeral el esposo partió en un viaje. Mientras estaba ausente, su esposa tuvo la siguiente experiencia. Estando sentada en una silla y ocupada en algunas tareas domésticas, su hijita, ataviada con el vestido con el cual había sido enterrada, caminó a través de la puerta de caoba, la que estaba cerrada, cruzó la habitación, subió al regazo de la madre, puso sus brazos alrededor del cuello de la mamá, y dijo: "Te quiero, mamita. No estoy realmente muerta". Esto le sucedió a una madre adventista del séptimo día.

La experiencia de esta madre fue exactamente lo que Dios le había dicho a Elena de White que ocurriría y es una prueba de que no podemos confiar en nuestros sentidos. Ella vio, oyó y tocó a la niña. Sin un conocimiento positivo de lo que la Biblia enseña, el engaño podría haber tenido terribles resultados. Pero notemos que Elena de White también dijo que "las herejías más peligrosas" podrían acompañar a dichas personificaciones. Se está aproximando el tiempo cuando los hijos de Dios deben mantenerse firmes de parte de la verdad bíblica, aunque esto signifique negar todo lo que sus sentidos les digan.

Debemos oponernos al espiritismo

La descripción que ofrece Juan de los preparativos de Satanás para la batalla del Armagedón (Apoc. 16:13-14), hace claro el hecho de que el espiritismo será la carta de triunfo de Satanás al conducir al mundo a la batalla "de aquel gran día del Dios Todopoderoso". Elena de White nos dice que el diablo está decidido a unir a profesos cristianos y a los impíos "en un solo cuerpo y de este modo robustecer su causa atrayéndolos a todos a las filas del espiritismo" (*Id.*, p. 646).

El espiritismo implica más que la supuesta comunicación con los muertos. A través de Elena de White, Dios nos ha alertado en cuanto a las filosofías comprendidas por el espiritismo: "El espiritismo enseña 'que el hombre es un ser susceptible de adelanto; que su destino consiste en progresar desde su nacimiento, aun hasta la eternidad, hacia la divinidad'... 'Todo ser justo y perfecto es Cristo' " (*Id.*, pp. 610-611).

Todas estas ideas aparecen en nuestra sociedad actual. En el fundamento de la evolución yace la idea de que los seres humanos son criaturas en constante desarrollo. El progreso hacia la divinidad aparece en la doctrina mormona de Adán/Dios. Y que "todo ser justo y perfecto es Cristo" es una enseñanza popular del movimiento de la Nueva Era y emana del misticismo hindú. Todas estas filosofías, incluyendo la comunicación con los muertos, conforman el espiritismo en su sentido más amplio.

La instrucción de Dios a su pueblo es, "Combátelo". "Los que se oponen a las enseñanzas del espiritismo atacan no sólo a los hombres, sino también a Satanás y a sus ángeles. Han emprendido la lucha contra principados, potestades y malicias espirituales en los aires... El pueblo de Dios debe hacerle frente como lo hizo nuestro Salvador, con las palabras: 'Escrito está' " (*Id.*, 616).

Conozca los engaños que vendrán a través del espiritismo

Además de los engaños que ya hemos mencionado, Elena de White da ejemplos adicionales de las clases de supercherías que enfrentaremos:

1. Los demonios producirán fenómenos aterrorizadores.

"Pronto aparecerán en el cielo signos pavorosos de carácter sobrenatural, en prueba del poder milagroso de los demonios" (*Id.*, p. 681). Esta declaración trae a la memoria las predicciones de señales en los cielos hechas durante supuestas apariciones de la Virgen María. De acuerdo con dichas apariciones marianas, estas señales cósmicas indicarán el pronto castigo que Dios aplicará a los pecadores.

2. Los demonios apoyarán las leyes dominicales: "Habrá comunicaciones de espíritus que declararán que Dios los envió para convencer de su error a los que rechazan el domingo y afirmarán que se debe obedecer a las leyes del país como a la ley de Dios" (*Id.*, p. 648).
3. Los demonios pretenderán ser los apóstoles: "Estos espíritus mentirosos representan a los apóstoles como contradiciendo lo que escribieron bajo la inspiración del Espíritu Santo durante su permanencia en la tierra. Niegan el origen divino de la Biblia, anulan así el fundamento de la esperanza cristiana y apagan la luz que revela el camino hacia el cielo... Y para reemplazar la Palabra de Dios ese mismo Satanás ofrece sus manifestaciones espiritistas" (*Id.*, pp. 613-614).
4. Los demonios pretenderán ser los dioses de religiones paganas modernas: "A medida que nos acercamos al fin del tiempo, habrá una demostración cada vez mayor de poder pagano; deidades paganas manifestarán su notable poder, y se exhibirán a sí mismas ante las ciudades del mundo" (*Evangelismo*, p. 511).
5. Entonces vendrá el engaño mayor de todos. "El acto capital que coronará el gran drama del engaño será que el mismo Satanás se dará por Cristo... En su fementido carácter de Cristo, asegura haber mudado el día de reposo del sábado al domingo y manda a todos que santifiquen el día bendecido por él. Declara que aquellos que persisten en santificar el séptimo día blasfeman su nombre porque se niegan a oír a sus ángeles,

que les fueron enviados con la luz de la verdad. Es el engaño más poderoso y resulta casi irresistible" (*El conflicto de los siglos*, p. 682).

Permanezca firme en la verdad bíblica a la vez que niega el testimonio de sus sentidos

Satanás usará todos los medios posibles a fin de convencernos de que estamos equivocados. Es importante aprovechar la relativa calma que estamos disfrutando ahora para fortalecer la mente con la verdad. Cuando el diluvio de engaños se precipite sobre nosotros como una inundación, uno tras otro en forma ininterrumpida, cada uno de nosotros tendrá que mantenerse solo. Ninguna otra persona podrá tomar la decisión por nosotros en cuanto a qué es verdad y qué es error. Esa será nuestra responsabilidad. "El tiempo de prueba llegará para *todos*".

COMO PREPARARSE PARA RECIBIR LA LLUVIA TARDIA AL ACERCARNOS A LA VENIDA DE CRISTO

En Apocalipsis 18:1 un ángel poderoso desciende del cielo con gran autoridad, inundando la tierra con su gloria. Esta es una representación profética de la lluvia tardía venidera. Así como la predicación del Evangelio se inició bajo el poder extraordinario del Espíritu Santo, también concluirá de la misma manera. En realidad, la lluvia tardía demostrará ser una manifestación del poder de Dios mayor que la de la lluvia temprana recibida por los apóstoles. Pero ese poder no viene sin condiciones. Así como los apóstoles se prepararon para recibir la lluvia temprana, de la misma manera, como pueblo de Dios de la actualidad, debemos prepararnos para la lluvia tardía, sólo que en un grado aun mayor. ¿Cómo, entonces, hemos de prepararnos para esta manifestación final del poder de Dios? He aquí algunas instrucciones que han sido dadas a la iglesia de Dios de los últimos días.

Crezcamos bajo la lluvia temprana

La lluvia temprana, o la primera lluvia, descendió sobre los apóstoles en el día de Pentecostés. Los capacitó para predicar el Evangelio de salvación en forma poderosa por todo el Imperio Romano. Cada persona que en la actualidad acepta a Jesús como su Salvador también recibe la lluvia temprana en la experiencia espiritual del bautismo. En Palestina la lluvia temprana humedecía el suelo para la arada, hacía que germinase la semilla y le permitía que creciese. Recibir la lluvia temprana nos capacita para crecer y desarrollarnos espiritualmente. Una importante ley de crecimiento dice que una vez que una semilla es plantada, debe ser regada. Esto es cierto también en nuestra vida espiritual.

Si el Espíritu Santo planta y riega la semilla del Evangelio, la semilla echará raíces y crecerá. Sin embargo, al igual que con cualquier planta natural, si la planta que crece de la semilla del Evangelio no recibe agua, se marchitará y morirá. El Espíritu Santo nos inicia y coloca en el camino cristiano. Pedro les dijo a sus oyentes en el día de Pentecostés: "Arrepentíos, y bautícese cada uno de vosotros en el nombre de Jesucristo para perdón de los pecados; y recibiréis el don del Espíritu Santo" (Hech. 2:38). El Espíritu Santo nos capacita para crecer y conducirnos a una plena madurez espiritual. Tal crecimiento espiritual requiere un riego fresco del poder del Espíritu cada día.

Elena de White expresa esa idea en la siguiente manera: "En ningún punto de nuestra experiencia podemos dejar de contar con la ayuda de aquello que nos hace idóneos para hacer el primer comienzo. Las bendiciones recibidas bajo la lluvia temprana nos son necesarias hasta el fin... Por la oración y la fe continuamente hemos de tratar de conseguir más del Espíritu" (*Testimonios para los ministros*, pp. 516-517).

Esta y otras declaraciones similares hacen claro el hecho de que la lluvia tardía es el paso final en el crecimiento espiritual del cristiano, así como las últimas lluvias de la estación lluviosa de Palestina hacen que la cosecha madure para ser recogida. Sin embargo, si no hay un crecimiento diario en la preparación para la lluvia tardía, el cristiano no estará listo cuando la lluvia tardía descienda. Por esta razón, debemos orar diariamente por un nuevo bautismo del Espíritu Santo a medida que maduramos bajo la lluvia temprana.

Dios, en su sabiduría, nos ha dado la siguiente advertencia: "Podemos estar seguros de que cuando el Espíritu Santo sea derramado, aquellos que no recibieron y apreciaron la lluvia temprana no verán o comprenderán el valor de la lluvia tardía" (*Manuscript Releases*, v. 1, p. 180).

Busquemos ahora el Espíritu

El gran peligro que nosotros como pueblo de Dios enfrentamos hoy es el de la postergación. Sí, la lluvia tardía está viniendo. Sí, tenemos las promesas. Pero tendemos a pensar que esta experiencia ocurrirá en algún momento en el futuro distante. Recuerde —y no podemos subrayar esto suficientemente— que el descenso de la lluvia tardía será el paso final en el crecimiento espiritual del cristiano. El pensar que la lluvia tardía descenderá sobre todos en algún momento *en el futuro*, sólo puede conducirnos a demorar nuestra preparación para recibirla.

Elena de White nos insiste en la urgencia de alistarnos hoy: "El descenso del Espíritu Santo sobre la iglesia es esperado como si se tratara de un asunto del futuro; pero es el privilegio de la iglesia tenerlo ahora mismo. Buscadlo, orad por él, creed en él. Debemos tenerlo y el cielo está esperando concederlo" (*El evangelismo*, p. 508). La urgencia que ella sentía por una preparación inmediata se refleja en las tres órdenes: "Buscadlo... orad... creed".

Permanezcamos firmes cuando somos probados

La presencia del Espíritu Santo traerá un poder dinámico a la vida cristiana, como vemos que ocurrió en la experiencia de los apóstoles. Con palabras que traspasaron el corazón de sus oyentes, testificaron valientemente de Jesús mientras que enfrentaban amenazas de castigos y muerte. Con la simple lógica de la verdad confundieron a aquellos que se oponían al Evangelio. Dios obró milagros mediante ellos. Debido a que podemos abusar de dicho poder empleándolo para la glorificación propia, Dios primero quiere ver evidencias de que no lo usaremos incorrectamente. "Nuestro Padre celestial nos probará antes de darnos el bautismo del Espíritu Santo [la lluvia tardía], para ver si podemos vivir sin deshonrarlo" (*Mensajes selectos* t. 3, p. 488).

Aunque ser zarandeados por Dios es a veces una experiencia desagradable, es para nuestro propio bien. Recordemos lo que Jesús dijo a los laodicenses: "Yo reprendo y castigo a todos los que amo" (Apoc. 3:19). Por lo tanto, debemos disciplinarnos para considerar los castigos de Dios como pasos preparatorios para que se nos confíe el poder que él dará a su iglesia en la experiencia de la lluvia tardía.

Imitemos a los apóstoles

La experiencia de los apóstoles al prepararse para el Pentecostés es un modelo que, si es seguido, nos conducirá a una debida peparación para la lluvia tardía. En efecto, Elena de White nos remite a la experiencia de ellos para ver lo que Dios requiere de nosotros. "Fue por medio de la confesión y el perdón del pecado, por la oración ferviente y la consagración de sí mismos a Dios, como los primeros discípulos se prepararon para el derramamiento del Espíritu Santo en el día de Pentecostés. La misma obra, sólo que en mayor grado, debe realizarse ahora" (*Testimonios para los ministros*, p. 516).

El período de diez días entre la ascensión de Jesús y el día de Pentecostés fue un tiempo de intensa preparación por parte de los apóstoles. Lucas alude a él cuando dice: "Todos éstos perseveraban unánimes en oración y ruego, con las mujeres, y con María la madre de Jesús, y con sus hermanos" (Hech. 1:14). En su libro *Los hechos de los apóstoles*, Elena de White ofrece más detalles de lo que ocurrió: (1) Los apóstoles se reunieron y oraban frecuentemente sobre la obra que Jesús les había dado para hacer en la tierra. (2) Humillaron sus corazones en verdadero arrepentimiento y confesaron su incredulidad. (3) Al pensar en la vida santa de Jesús y compartir los recuerdos que tenían de él, sintieron un profundo deseo de ser vestidos con la hermosura de su carácter. (4) Pusieron a un lado todas las diferencias, celos y deseos de supremacía, y se unieron en compañerismo y amor cristiano. (5) Oraban pidiendo sabiduría para conducir almas al reino de Jesús. Y (6) oraron específicamente por el don del Espíritu Santo en cumplimiento de la promesa de Jesús (pp. 29-31). Estos seis pasos constituyen un modelo que tanto un individuo como toda una congregación puede seguir.

Trabajemos para cumplir las condiciones

El gran apóstol de la justificación por la fe les dijo a los filipenses: "Ocupaos en vuestra salvación con temor y temblor" (Fil. 2:12). En ese momento Pablo no explicó en detalle cuál debía ser esa obra u ocupación, pero es claro que todos los creyentes tienen un papel que jugar en el plan de salvación de Dios Y para recibir el poder prometido de la lluvia tardía, también tenemos una parte que hacer. Sólo que en este caso la obra que debemos realizar está claramente definida: "Nuestro Padre celestial está más dispuesto a dar su Espíritu Santo a los que se lo piden que los padres terrenales a dar buenas dádivas a sus hijos. Sin embargo, mediante la confesión, la humillación, el arrepentimiento y la oración ferviente nos corresponde cumplir con las condiciones en virtud de las cuales ha prometido Dios concedernos su bendición" (*Mensajes selectos*, t. 1, p. 141).

¿Qué podría ser más claro? La confesión, la humillación y el arrepentimiento nos condujeron a Cristo, y encontramos su gracia y fuimos vestidos de su justicia. Esta experiencia ha de profundizarse día tras día mientras crecemos en la experiencia de la lluvia temprana. Pablo dice: "De la manera que habéis recibido al Señor Jesucristo, andad en él" (Col. 2:6). A esto debemos añadir ferviente oración para pedir el don prometido de la lluvia tardía. El profeta Zacarías nos instruye: "Pedid a Jehová lluvia en la estación tardía" (Zac. 10:1). La súplica por la lluvia tardía ha de ser tan intensa como la súplica por la vida misma. Así como Jesús valoró el Espíritu Santo prometido a sus discípulos, de la misma manera le otorga un alto valor al poder que capacitará a su pueblo para cumplir hoy la comisión evangélica.

Alistémonos ahora, porque la lluvia tardía vendrá repentinamente

Cuando Dios envíe la lluvia tardía, vendrá repentinamente, y todo se acabará muy pronto. ¡Será realmente rápido! Cuando en la progresión del gran conflicto llegue el momento para el pleno despliegue del poder y la gloria de Dios, su pueblo no tendrá oportunidad entonces para hacer los preparativos que debieran estar en curso hoy en día. Es asunto de alistarse ahora o de ser dejado atrás.

La experiencia del clamor a medianoche que tuvieron los primeros adventistas da una idea de la rapidez y urgencia con las que se acerca la lluvia tardía. "Vi que la lluvia tardía estaba viniendo tan repentinamente como el clamor a medianoche, y con un poder diez veces mayor" (*Spaulding and Magan Collection*, p. 4). El clamor de medianoche apareció repentinamente y en forma completamente inesperada en el campestre de Exeter, New Hampshire, del 12 al 17 de agosto de 1844, cuando Samuel S. Snow explicó a los milleritas reunidos que el antiguo rito judío de la purificación del santuario caía en el 22 de octubre de ese año. Los milleritas salieron de esa reunión y se esparcieron por todas partes, proclamando: "He aquí, el Esposo viene".

Elena de White describe la rapidez con la que Dios terminará la obra en la tierra: "Habrá una acumulación de agencias divinas que se combinarán con el esfuerzo humano para que pueda producirse la consumación de la obra en el tiempo del fin. Con toda seguridad la obra se abreviará en una manera sumamente inesperada... Habrá miles de conversos a la verdad en un día, quienes, a la undécima hora, verán y reconocerán la verdad y los movimientos del Espíritu de Dios. 'He aquí vienen días, dice Jehová, en que el que ara alcanzará al segador, y el pisador de las uvas al que lleve la simiente' (Amós 9:13).

"El aumento [de conversos] a la verdad será de tal rapidez que sorprenderá a la iglesia" (*The Ellen G. White 1888 Materials*, pp. 754-755).

La comprensión de que la lluvia tardía ocurrirá repentinamente y en forma totalmente inesperada subraya la importancia de la primera sección de este estudio. A menos de que estemos creciendo día tras día bajo la lluvia temprana, no estaremos listos para la lluvia tardía. Porque la lluvia tardía es simplemente el paso final en el crecimiento producido por la lluvia temprana. Sin esa maduración previa, sin el bautismo diario del Espíritu Santo, no tendremos tiempo adecuado para ponernos al día y alcanzar el punto en el que Dios puede confiarnos el poder de la lluvia tardía. Por esta razón, Dios procura informar a todo su pueblo qué debe hacerse ahora de modo que nadie necesite ser dejado atrás.

Jesús destacó la importancia y la urgencia de prepararse para recibir el don que él valoró tan altamente cuando dijo: "Pedid, y se os dará; buscad, y hallaréis; llamad, y se os abrirá... Pues si vosotros, siendo malos, sabéis dar buenas dádivas a vuestros hijos, ¿cuánto más vuestro Padre celestial dará el Espíritu Santo a los que se lo pidan?" (Luc. 11:9, 13). Con la certeza de esta promesa procedente de Jesús mismo, nosotros podemos avanzar con confianza para dar el paso final en el crecimiento de la lluvia temprana.

Sin duda alguna Jesús pronto estará aquí. Abundan las señales del fin y es tiempo para que ocurra la lluvia tardía. ¿Cuán a menudo nos hemos dicho: "Cuando veamos la formación de la imagen de la bestia y un movimiento hacia la imposición del domingo, seguramente sabremos que el fin está a las puertas"? El protestantismo está insistiendo firmemente para que se desarrolle una relación de trabajo con Roma, y Roma ha mostrado que es un socio bien dispuesto. El llamado del papa para proteger la santidad del domingo mediante una legislación civil, bien puede ser el paso inicial hacia la imposición de la marca de la bestia. Por estas y otras señales, Dios está llamando a su pueblo a renovar su relación de pacto con él. Estamos en las fronteras de la Tierra Prometida. Levantémonos y entremos.

PREGUNTAS PARA REFLEXIONAR SOBRE
EL CUARTO PACTO

[Sección "Cómo prepararse para los engaños de los últimos días antes del regreso de Cristto"]

Pregúntese a sí mismo...

- ¿Qué actitud, persona(s) o circunstancias podrían estar impidiéndome abrirme sin claudicación a la verdad de Dios en sus diversas formas (la Biblia, escritos del espíritu de profecía, sermones, estudios hechos en grupo, publicaciones, etc.)? ¿Cómo puede esto cambiar?
- ¿Estoy diariamente pertrechado con la "armadura" espiritual de Dios, como se la menciona en Efesios 6:14-17 (verdad, justicia, Evangelio de paz, fe, la Palabra de Dios)?
- ¿Qué cambios podría ser necesario que yo hiciese en mi estilo de vida que me podrían ayudar a prepararme para discernir más efectivamente entre la verdad y el error?
- Especialmente para la juventud: ¿Cuáles son algunas áreas de la cultura juvenil que parecen especialmente fértiles para que se produzcan la degeneración y el engaño espirituales? ¿Qué elecciones específicas hemos hecho, o podríamos hacer, que nos ayudarían a protegernos contra dichos males potenciales?

[Sección "Cómo prepararse para recibir la lluvia tardía al acercarnos a la venida de Cristo"]

Pregúntese a sí mismo...

- ¿Qué situaciones actuales en mi vida hacen necesario el arrepentimiento y la confesión? ¿Qué pasos daré para solucionar esos problemas?
- ¿Me proyecto hacia la lluvia tardía y el tiempo del fin con gozo, anticipación y confianza, o el temor describe más precisamente mis sentimientos? Si me siento con aprehensión respecto al tiempo del fin, ¿qué pasos puedo dar para cambiar esto?
- ¿Cuáles son algunas ventajas de involucrarse en un grupo pequeño cuyo blanco es prepararse para la lluvia tardía?

- Especialmente para la juventud: ¿Me he "endurecido" ante la idea de que "Jesús viene pronto"? Si es así, ¿cómo podría posesionarme de un sentido de expectación respecto al regreso de mi Salvador, mientras conservo una perspectiva equilibrada del fin?

PALABRAS DE ALIENTO

Recientemente el director de una importante revista de noticias escribió un editorial lamentando el hecho de que en los Estados Unidos muchos miran con desdén el cristianismo y la moralidad y hasta se burlan de ellos. En este tiempo de desenfrenada desconsideración por los principios y las enseñanzas de la Escritura, como también de falta de verdadera espiritualidad, es vitalmente importante que los cristianos adventistas estén anclados en la Palabra y en el espíritu de profecía. Sólo mientras pasemos más tiempo en estudio y compañerismo con nuestro precioso Salvador en oración, podremos resistir las crecientes influencias de las potestades de las tinieblas.

Malcolm y Hazel Gordon
Unión del Sur

En vista del inminente retorno de Jesús y de los eventos catastróficos que lo preceden, es bueno recordar una declaración significativa de Elena de White: "Tenemos que vivir solamente un día a la vez, y si llegamos a conocer a fondo a Dios, él nos dará fuerza para soportar lo que vendrá mañana" (*Meditaciones matinales*, p. 96). Queremos unirnos a usted en la decisión de llegar a conocer mejor "a Dios", un día a la vez.

Jere y Sue Patzer
Unión del Norte del Pacífico

El regreso de Jesús es un pensamiento agradable y feliz para nosotros. En preparación para este gran evento, lo invitamos a unirse a nosotros en un estudio continuo de la Biblia y del espíritu de profecía. Al hacerlo, nos acercaremos a él y estaremos listos para unirnos con él cuando venga para buscar a sus escogidos.

Max y Betty Treviño
Unión del Suroeste

Estamos viviendo en tiempos muy emocionantes cuando todo lo que puede ser desafiado o sacudido pasará por esa experiencia. Hay en el aire un sentimiento de expectación, y sabemos que pronto Cristo volverá. Más que nunca antes necesitamos el poder del Espíritu de Dios en nuestras vidas, hogares e iglesias. Estudiar la Biblia y el espíritu de profecía, orar fervientemente y compartir las buenas nuevas, es la necesidad de todo miembro adventista. ¡Los tiempos lo demandan! ¡Esto nos dará gozo en abundancia!

Ted y Esther Jones
Unión del Atlántico

Se ha dicho correctamente que, "Somos lo que pensamos". La única manera de reflejar a Dios en nuestras vidas es permitiendo que sus palabras transformen nuestra mente hasta que lleguemos a ser como él en pensamiento y acción. Ese es el camino al reavivamiento espiritual. No hay sustitutos o atajos.

Tom y Pauline Mostert
Unión del Pacífico

Siempre desde que el Evangelio de la gracia salvadora de Dios nos encontró y nos hizo parte de la comunidad de fe adventista, nuestra esperanza ha sido la de encontrarnos con el Señor Jesús. Estamos consagrados a él en el servicio y el estudio de su preciosa Palabra. Creemos que la oración ferviente y el estudio de la Biblia traerán el cumplimiento de la promesa largamente esperada del reavivamiento y la reforma.

Harold y Barbara Lee
Unión de Columbia

Programas de trabajo exigentes, bandejas de correspondencia saturadas, constantes llamadas telefónicas y mensajes electrónicos parecen dominar nuestros días. Mientras nos esforzamos por servir efectivamente a otros, a menudo se nos presiona en materia de tiempo, lo que facilita que permitamos que las relaciones se deterioren, especialmente la relación más importante de todas, a saber, con Jesús. Frecuentemente nos sentimos abrumados con la necesidad de mantenernos estrechamente conectados con él mediante la oración y el estudio de la Biblia, mientras somos más y más conscientes de los desafíos que están ante nosotros. Al aceptar su invitación de entregarle todas nuestras ansiedades, descubrimos que él cumple su promesa de darnos su paz y su fuerza para superar las presiones que enfrentamos diariamente y las incertidumbres de estos últimos días. Verdaderamente, nuestro salvavidas consiste en mantener una diaria relación íntima y significativa con él mediante el estudio de su Palabra y comulgando con él en oración. No hay absolutamente un sustituto para esto.

Orville y Norma Jean Parchment
Unión de Canadá

Conocer a Jesús, ¡éste es el asunto más importante en esta vida! Por experiencia personal hemos descubierto que cuanto más leemos sus mensajes para nosotros, más cerca estamos de él. Y cuánto más cerca estamos de él, más emocionados nos sentimos con la esperanza de verlo nuevamente. ¿No quisiera unirse a nosotros en nuestra consagración a pasar tiempo con él cada día?

Don y Marti Schneider
Unión del Lago

Una promesa que tiene gran significado para nosotros en la actualidad es la que se encuentra en 1 Crónicas 28:20 y que dice: "Anímate y esfuérzate;... no temas, ni desmayes, porque Jehová Dios, mi Dios, estará contigo". El está con nosotros porque es nuestro Amigo.

Chuck y Dona Sandefur
Unión del Centro

Las siguientes secciones son ejemplos de lo que puede hacerse para el estudio sistemático de la Biblia y el espíritu de profecía. Siéntase libre de desarrollar su propio esquema o usar otras alternativas para el estudio espiritual.

"Procura con diligencia presentarte a Dios, aprobado como obrero que no tiene de qué avergonzarse y que traza bien la palabra de verdad" 2 Timoteo 2:15.

"Es el deber de cada uno buscar un profundo conocimiento de las Escrituras. La importancia y el beneficio del estudio de la Biblia no puede ser sobreestimado. En la investigación de las Escrituras nuestras mentes son encauzadas a espaciarse en el sacrificio infinito de Cristo, en su mediación en nuestro favor y cuando veamos a Jesús con el ojo de la fe, seremos cambiados en la misma imagen de gloria en gloria, como por el Espíritu del Señor" (*Signs of the Times*, 6 de febrero de 1893).

PLAN DE ESTUDIO DE LA BIBLIA POR UN AÑO

ENERO

1 .... Génesis 1:1-2:3
2 .... Génesis 2:4-25
3 .... Génesis 3
4 .... Génesis 4:1-16
5 .... Génesis 5:18-24; Judas 14-15
6 .... Génesis 6
7 .... Génesis 7
8 .... Génesis 8:1-9:17
9 .... Génesis 11:1-9
10 .... Génesis 11:27-12:9
11 .... Génesis 12:10-20
12 .... Génesis 13
13 .... Génesis 14
14 .... Génesis 15
15 .... Génesis 16:1-16; 21:1-21
16 .... Génesis 18
17 .... Génesis 19:1-29
18 .... Génesis 20
19 .... Génesis 22:1-18
20 .... Génesis 23
21 .... Génesis 24
22 .... Génesis 25:19-34
23 .... Génesis 27

24 .... Génesis 28:10-22
25 .... Génesis 29:1-14
26 .... Génesis 29:15-30
27 .... Génesis 31:1-21
28 .... Génesis 32
29 .... Génesis 33
30 .... Génesis 34
31 .... Génesis 35:1-15

FEBRERO

1 .... Génesis 37
2 .... Génesis 39
3 .... Génesis 41
4 .... Génesis 42
5 .... Génesis 43
6 .... Génesis 44
7 .... Génesis 45
8 .... Génesis 46:1-47:12
9 .... Génesis 48-49
10 .... Génesis 50
11 .... Job 1
12 .... Job 2
13 .... Job 29
14 .... Job 42
15 .... Exodo 1:1-2:10
16 .... Exodo 2:11-25;
Salmo 90
17 .... Exodo 3:1-4:17
18 .... Exodo 4:18-6:8
19 .... Exodo 7:1-9:12
20 .... Exodo 9:13-11:10
21 .... Exodo 12
22 .... Exodo 13:17-14:31
23 .... Exodo 16
24 .... Exodo 17
25 .... Exodo 19–20
26 .... Exodo 32
27 .... Exodo 33:7-34:9
28 .... Exodo 40
29 .... Levítico 10

MARZO

1 .... Levítico 11
2 .... Levítico 16
3 .... Levítico 23
4 .... Números 11
5 .... Números 12
6 .... Números 13
7 .... Números 16
8 .... Números 17
9 .... Números 20:1-13
10 .... Números 20:22-21:9;
2 Reyes 18:4
11 .... Números 22-24
12 .... Deuteronomio 6
13 .... Deuteronomio 8
14 .... Deuteronomio 26
15 .... Deuteronomio 28
16 .... Deuteronomio 30
17 .. Deuteronomio 32:48-52;
34:1-12
18 .... Josué 1
19 .... Josué 2
20 .... Josué 3
21 .... Josué 5:13-6:27
22 .... Josué 7
23 .... Josué 9
24 .... Josué 10:1-21
25 .... Josué 14
26 .... Josué 22
27 .... Josué 23-24
28 .... Jueces 2
29 .... Jueces 4
30 .... Jueces 6
31 .... Jueces 7

ABRIL

1 .... Jueces 13
2 .... Jueces 15
3 .... Jueces 16
4 .... Rut 1-2

5 .... Rut 3-4
6 .... 1 Samuel 1
7 .... 1 Samuel 3
8 .... 1 Samuel 4
9 .... 1 Samuel 5–6
10 .... 1 Samuel 7
11 .... 1 Samuel 8
12 .... 1 Samuel 9:15-10:24
13 .... 1 Samuel 12
14 .... 1 Samuel 13:1-4
15 .... 1 Samuel 14:1-23
16 .... 1 Samuel 15
17 .... 1 Samuel 16
18 .... 1 Samuel 17
19 .... Salmo 37
20 .... 1 Samuel 18:1-9; 19:1-7; 20:1-17
21 .... 1 Samuel 21
22 .... Salmo 34
23 .... 1 Samuel 24
24 .... 1 Samuel 25
25 .... 1 Samuel 28
26 .... 1 Samuel 31
27 .... 2 Samuel 2:1-7; 5:1-12
28 .... 2 Samuel 2
29 .... 2 Samuel 7
30 .... Salmo 18

MAYO

1 .... 2 Samuel 9
2 .... 2 Samuel 11–12
3 .... Salmo 32 ó 38
4 .... Salmo 51
5 .... Salmo 103
6 .... 2 Samuel 15;16
7 .... Salmo 55
8 .... 2 Samuel 17:1-19:8
9 .... 2 Samuel 24
10 .... 1 Reyes 1
11 .... Salmo 72
12 .... 2 Samuel 23:1-7; 1 Reyes 2:1-12
13 .... 1 Reyes 3; 4:29-34
14 .... Proverbios 3
15 .... 1 Reyes 8
16 .... 1 Reyes 10:1-13
17 .... Proverbios 23
18 .... 1 Reyes 11
19 .... Proverbios 6:20-7:27
20 .... Eclesiastés 11:1-12:1, 9-14
21 .... 1 Reyes 12
22 .... 1 Reyes 14
23 .... 1 Reyes 16:29-17:6
24 .... 1 Reyes 17:7-24
25 .... 1 Reyes 18
26 .... 1 Reyes 19
27 .... 1 Reyes 20
28 .... Salmo 91
29 .... 1 Reyes 21
30 .... 1 Reyes 22:1-40
31 .... 2 Reyes 2:1-18

JUNIO

1 .... 2 Reyes 4:1-37
2 .... 2 Reyes 2:19-22; 4:38-44
3 .... 2 Reyes 5
4 .... 2 Reyes 6:1-23
5 .... 2 Reyes 6:24-7:20
6 .... 2 Reyes 9
7 .... 2 Reyes 11
8 .... 2 Reyes 12
9 .... Jonás 1–2
10 .... Jonás 3–4
11 .... Amós 5
12 .... Oseas 1;3
13 .... 2 Reyes 17
14 .... 2 Crónicas 26

15 .... Miqueas 6:6-8; 7:8-11, 18-20
16 .... Isaías 6
17 .... Isaías 24
18 .... 2 Reyes 18:1-16
19 .... 2 Reyes 18:17-19:13
20 .... 2 Reyes 19:14-37
21 .... 2 Reyes 20
22 .... Isaías 42
23 .... Isaías 52:13-53:12
24 .... Isaías 54
25 .... Isaías 58
26 .... 2 Reyes 21:1-18
27 .... 2 Crónicas 34:8-28
28 .... Joel 2
29 .... Habacuc 1:1-2:4
30 .... Habacuc 3

JULIO

1 .... Jeremías 1
2 .... Jeremías 17:19-27; Nehemías 13:15-22
3 .... Jeremías 18:1-17
4 .... Jeremías 36
5 .... Jeremías 37-38
6 .... Ezequiel 1
7 .... Ezequiel 8–9
8 .... 2 Crónicas 36:11-21 ó Jeremías 52
9 ...... Lamentaciones 3:1-41
10 .... Salmo 74 ó 79
11 .... Salmo 137
12 .... Daniel 1
13 .... Daniel 2
14 .... Daniel 3
13 .... Daniel 4
14 .... Daniel 5
17 .... Daniel 6
18 .... Daniel 7
19 .... Jeremías 51
20 .... Esdras 1
21 .... Hageo 1-2
22 .... Zacarías 3-4
23 .... Esdras 5-6
24 .... Nehemías 1-2
25 .... Nehemías 5
26 .... Nehemías 8
27 .... Ester 2:1-18
28 .... Ester 3
29 .... Ester 4
30 .... Ester 7-8
31 .... Malaquías 3:16-17

AGOSTO

1 .... Lucas 1:5-25
2 .... Mateo 1:18-25; Lucas 2:1-7
3 .... Lucas 2:8-20
4 .... Lucas 2:21-40
5 .... Mateo 2:1-12
6 .... Mateo 2:13-23
7 .... Lucas 2:41-52
8 .... Juan 1:19-34
9 .... Mateo 2:1-11
10 .... Mateo 4:23-25; Lucas 4:14-30
11 .... Juan 2:1-11
12 .... Juan 2:13-25
13 .... Juan 3:1-21
14 .... Juan 3:22-36
15 .... Mateo 14
16 .... Juan 4:1-42
17 .... Juan 4: 43-54
18 .... Lucas 5:1-11
19 .... Juan 5
20 .... Mateo 5
21 .... Mateo 6:5-15
22 .... Mateo 6:19-34
23 .... Lucas 4:16-30
24 .... Marcos 1:21-39

25 .... Lucas 5:12-26
26 .... Mateo 10
27 .... Marcos 2:26-3:6
28 .... Lucas 7:1-10
29 .... Lucas 7:11-17
30 .... Mateo 8:18-27
31 .... Marcos 5:1-20

SEPTIEMBRE

1 .... Mateo 9:18-26
2 .... Marcos 4:26-34
3 .... Mateo 13:1-9, 18-23
4 .... Mateo 21:33-45
5 .... Mateo 22:1-14
6 .... Lucas 14:15-24
7 .... Mateo 18:21-35
8 .... Lucas 15:1-10
9 .... Lucas 15:11-32
10 .... Mateo 20:1-16
11 .... Lucas 10:25-37
12 .... Mateo 7:24-28
13 .... Lucas 5:27-35
14 .... Mateo 14:1-12
15 .... Juan 6:1-15
16 .... Mateo 17:1-13
17 .... Marcos 9:14-29
18 .... Juan 8:2-11
19 .... Mateo 17:24-27
20 .... Juan 9:1-25
21 .... Juan 10:1-21
22 .... Lucas 7:36-50
23 .... Lucas 10:38-42
24 .... Juan 11:17:44
25 .... Lucas 17:11-19
26 .... Lucas 18:9-14
27 .... Mateo 19:16-30
28 .... Mateo 20:20-28
29 .... Lucas 19:1-10
30 .... Lucas 19:11-27

OCTUBRE

1 .... Mateo 21:1-11
2 .... Mateo 22:15-45
3 .... Mateo 26:1-5, 14-16
4 .... Marcos 12:38-44
5 .... Lucas 13:34-35; Juan 12:37-50
6 .... Mateo 24
7 .... Mateo 25:1-13
8 .... Lucas 22:7-23
9 .... Juan 14
10 .... Juan 15:1-17
11 .... Juan 17
12 .... Mateo 26:36-56
13 .... Juan 18:12-24
14 .... Mateo 26:57-75
15 .... Mateo 27:1-10
16 .... Lucas 23:1-12
17 .... Lucas 23:8-25
18 .... Lucas 23:26-56
19 .... Mateo 28:1-15; Juan 20:1-18
20 .... Lucas 24:13-35
21 .... Lucas 23:36-49
22 .... Juan 21:1-14
23 .... Lucas 24:44-52; Hechos 1:1-11
24 .... Hechos 2:1-24
25 .... Hechos 3
26 .... Hechos 4:1-22
27 .... Hechos 4:32-5:11
28 .... Hechos 6:1-7
29 ... Hechos 6:8-15; 7:51-8:2
30 .... Hechos 8:9-25
31 .... Hechos 8:26-40

NOVIEMBRE

1 .... Hechos 9:1-31
2 .... Hechos 9:36-43
3 .... Hechos 10:1-48

4 .... Hechos 12:1-19
5 .... Hechos 13
6 .... Hechos 15:36-40; 2 Timoteo 4:11
7 .... Hechos 15:1-21
8 .... Hechos 15:40-16:15
9 .... Hechos 16:16-40
10 .... Hechos 17:1-15
11 .... Hechos 17:16-34
12 .... Hechos 18:1-17
13 .... 1 Tesalonicenses 4:1-5:11
14 .... Hechos 19:1-22
15 .... 1 Corintios 14
16 .... 1 Corintios 13
17 .... 1 Corintios 6
18 .... 1 Corintios 5
19 .... 2 Corintios 4:16-5:21
20 .... Hechos 19:23-41
21 .... Hechos 20:1-12
22 .... Hechos 20:13-38
23 .... Romanos 3:9-31
24 .... Romanos 5:1-11
.... Romanos 12
26 .... Romanos 8
27 .... Romanos 14
28 .... Gálatas 5
29 .... Hechos 21:1-14
30 .... Hechos 21:17-36

DICIEMBRE

1 .... Hechos 21:37-22:29
2 .... Hechos 22:30-23:11
3 .... Hechos 23:12-35
4 .... Hechos 24
5 .... Hechos 25:1-12
6 .... Hechos 25:23-26:32
7 .... Hechos 27:1-12
8 .... Hechos 27:13-44
9 .... Hechos 28:1-10
10 .... Hechos 28:11-31
11 .... Efesios 2:1-10; 4:17-32
12 .... Colosenses 3:1-4
13 .... Filemón
14 .... Filipenses 2:1-18
15 .... Hebreos 10:19-39
16 .... Hebreos 11
17 .... 1 Timoteo 4
18 .... 1 Timoteo 6:3-19
19 .... Tito 2:11-3:8
20 .... 2 Timoteo 3
21 .... 2 Timoteo 4:6-22
22 .... Santiago 1:19-27; 3:1-11; 4:11-12
23 .... 1 Pedro 2:13-3:9
24 .... 2 Pedro 3
25 .... 1 Juan 3
26 .... Apocalipsis 3
27 .... Apocalipsis 4
28 .... Apocalipsis 13
29 .... Apocalipsis 14:6-16
30 .... Apocalipsis 20
31 .... Apocalipsis 21:1-22:7

PROGRAMA DE LECTURA EN CINCO AÑOS DEL ESPIRITU DE PROFECIA

Mensajes Para los Jóvenes (MJ) *Patriarcas y Profetas* (PP)

ENERO
1. MJ 15-18
2. MJ 18-20
3. MJ 20-24
4. MJ 24-28
5. MJ 30-32
6. MJ 33-35
7. MJ 35-39
8. MJ 39-42
9. MJ 42-45
10. MJ 48-51
11. MJ 52-54
12. MJ 55-57
13. MJ 57-62
14. MJ 63-64
15. MJ 66-68
16. MJ 69-72
17. MJ 73-75
18. MJ 76-80
19. MJ 81-84
20. MJ 84-87
21. MJ 89-95
22. MJ 95-99
23. MJ 99-102
24. MJ 103-104
25. MJ 105-108
26. MJ 109-112
27. MJ 112-116
28. MJ 118-122
29. MJ 122-125
30. MJ 125-128
31. MJ 129-131

FEBRERO
1. MJ 132-134
2. MJ 135-137
3. MJ 137-140
4. MJ 141-144
5. MJ 145-148
6. MJ 149-152
7. MJ 152-156
8. MJ 157-160
9. MJ 161-164
10. MJ 166-170
11. MJ 171-174
12. MJ 175-178
13. MJ 179-182
14. MJ 183-185
15. MJ 186-189
16. MJ 190-192
17. MJ 194-197
18. MJ 198-201
19. MJ 202-205
20. MJ 205-207
21. MJ 208-210
22. MJ 211-214
23. MJ 215-218
24. MJ 218-222
25. MJ 222-225
26. MJ 226-228
27. MJ 230-233
28. MJ 234-236

MARZO
1. MJ 237-238
2. MJ 239-242
3. MJ 244-248
4. MJ 249-253
5. MJ 253-256
6. MJ 257-259
7. MJ 260-262
8. MJ 263-266
9. MJ 268-272
10. MJ 273-276
11. MJ 277-280
12. MJ 281-284
13. MJ 285-287
14. MJ 288-290
15. MJ 291-294
16. MJ 296-300
17. MJ 301-303
18. MJ 304-306
19. MJ 307-310
20. MJ 311-313
21. MJ 314-317
22. MJ 318-320
23. MJ 322-326
24. MJ 327-330
25. MJ 330-332
26. MJ 333-335

27. MJ 335-338
28. MJ 339-340
29. MJ 342-346
30. MJ 347-348
31. MJ 349-351

ABRIL

1. MJ 352-355
2. MJ 356-358
3. MJ 360-364
4. MJ 365-367
5. MJ 367-370
6. MJ 371-373
7. MJ 373-376
8. MJ 377-379
9. MJ 380-382
10. MJ 383-386
11. MJ 386-389
12. MJ 390-391
13. MJ 392-395
14. MJ 396-398
15. MJ 400-404
16. MJ 405-408
17. MJ 409-411
18. MJ 411-414
19. MJ 415-417
20. MJ 418-420
21. MJ 421-423
22. MJ 423-426
23. MJ 427-429
24. MJ 430-434
25. MJ 435-436
26. MJ 437-440
27. MJ 441-443
28. MJ 442-445
29. MJ 445-449
30. MJ 450-454

MAYO

1. MJ 454-457
2. MJ 458-460
3. MJ 461-463
4. PP 11-13
5. PP 13-18
6. PP 18-20
7. PP 19-23
8. PP 24-27
9. PP 27-30
10. PP 30-33
11. PP 34-36
12. PP 36-40
13. PP 40-44
14. PP 44-47
15. PP 48-50
16. PP 50-53
17. PP 53-57
18. PP 58-60
19. PP 61-63
20. PP 64-65
21. PP 66-68
22. PP 68-71
23. PP 72-74
24. PP 74-77
25. PP 78-80
26. PP 80-84
27. PP 84-86
28. PP 86-89
29. PP 89-94
30. PP 95-97
31. PP 97-101

JUNIO

1. PP 102-105
2. PP 106-109
3. PP 110-112
4. PP 112-116
5. PP 117-118
6. PP 119-121
7. PP 121-124
8. PP 125-127
9. PP 127-130
10. PP 131-134
11. PP 135-137
12. PP 138-140
13. PP 141-143
14. PP 143-147
15. PP 148-151
16. PP 152-155
17. PP 155-159
18. PP 159-163
19. PP 164-167
20. PP 168-170
21. PP 170-174
22. PP 175-177
23. PP 178-181
24. PP 182-184
25. PP 185-188
26. PP 188-191
27. PP 192-195
28. PP 195-199
29. PP 199-202
30. PP 203-205

JULIO

1. PP 205-209
2. PP 210-213
3. PP 214-217
4. PP 217-220
5. PP 220-224
6. PP 225-227
7. PP 228-230
8. PP 230-232
9. PP 233-235
10. PP 235-237
11. PP 238-241
12. PP 242-245
13. PP 246-248
14. PP 248-250
15. PP 250-253
16. PP 253-255
17. PP 256-258
18. PP 259-261
19. PP 262-264
20. PP 264-266
21. PP 265-268
22. PP 269-272

23. PP 272-275
24. PP 275-278
25. PP 279-282
26. PP 282-285
27. PP 286-288
28. PP 289-291
29. PP 291-295
30. PP 296-298
31. PP 299-302

AGOSTO

1. PP 302-306
2. PP 306-309
3. PP 310-312
4. PP 312-315
5. PP 316-318
6. PP 318-320
7. PP 320-324
8. PP 325-327
9. PP 327-330
10. PP 331-334
11. PP 334-337
12. PP 337-341
13. PP 342-344
14. PP 344-348
15. PP 349-352
16. PP 352-355
17. PP 356-359
18. PP 359-362
19. PP 362-366
20. PP 366-369
21. PP 370-374
22. PP 374-377
23. PP 378-380
24. PP 380-383
25. PP 384-387
26. PP 387-390
27. PP 391-394
28. PP 394-397
29. PP 397-400
30. PP 400-406
31. PP 407-409

SEPTIEMBRE

1. PP 409-413
2. PP 413-416
3. PP 417-419
4. PP 419-422
5. PP 422-425
6. PP 425-429
7. PP 430-432
8. PP 432-436
9. PP 437-439
10. PP 439-443
11. PP 444-447
12. PP 448-452
13. PP 452-455
14. PP 456-460
15. PP 461-463
16. PP 463-467
17. PP 468-471
18. PP 471-475
19. PP 475-478
20. PP 478-482
21. PP 483-486
22. PP 486-489
23. PP 489-493
24. PP 494-496
25. PP 496-501
26. PP 502-504
27. PP 504-509
28. PP 509-513
29. PP 514-516
30. PP 517-520

OCTUBRE

1. PP 521-524
2. PP 524-526
3. PP 527-529
4. PP 529-533
5. PP 534-537
6. PP 537-540
7. PP 541-544
8. PP 545-547
9. PP 547-549
10. PP 549-553
11. PP 553-558
12. PP 559-561
13. PP 561-565
14. PP 566-569
15. PP 570-572
16. PP 573-575
17. PP 575-577
18. PP 578-580
19. PP 581-584
20. PP 585-587
21. PP 587-589
22. PP 589-592
23. PP 593-596
24. PP 597-599
25. PP 599-602
26. PP 603-605
27. PP 606-608
28. PP 609-613
29. PP 614-616
30. PP 616-620
31. PP 621-623

NOVIEMBRE

1. PP 624-628
2. PP 629-631
3. PP 631-634
4. PP 635-637
5. PP 637-641
6. PP 642-644
7. PP 645-648
8. PP 649-652
9. PP 653-655
10. PP 655-658
11. PP 658-661
12. PP 662-665
13. PP 665-668
14. PP 669-671
15. PP 672-674
16. PP 676-678
17. PP 679-681
18. PP 682-685

19. PP 685-686
20. PP 686-689
21. PP 691-693
22. PP 694-695
23. PP 696-698
24. PP 698-700
25. PP 701-704
26. PP 704-706
27. PP 706-708
28. PP 709-711
29. PP 712-715
30. PP 716-718

DICIEMBRE

1. PP 719-722
2. PP 722-724
3. PP 725-727
4. PP 727-730
5. PP 731-733
6. PP 734-737
7. PP 738-740
8. PP 741-743
9. PP 743-746
10. PP 747-749
11. PP 750-753
12. PP 754-756
13. PP 756-760
14. PP 761-763
15. PP 764-767
16. PP 767-770
17. PP 771-774
18. PP 775-777
19. PP 777-780
20. PP 780-783
21. PP 783-786
22. PP 787-789
23. PP 789-792
24. PP 792-795
25. PP 796-799
26. PP 799-803
27. PP 803-807
28. PP 808-810
29. PP 811-813
30. PP 813-815
31. PP 816-819

El Conflicto de los Siglos (CS) *El Ministerio de Curación* (MC)

ENERO

1. CS v-viii
2. CS ix-xii
3. CS 19-23
4. CS 23-30
5. CS 30-35
6. CS 35-42
7. CS 43-45
8. CS 45-48
9. CS 48-52
10. CS 53-55
11. CS 55-58
12. CS 59-61
13. CS 62-65
14. CS 66-68
15. CS 68-70
16. CS 70-73
17. CS 73-76
18. CS 77-79
19. CS 79-81
20. CS 81-84
21. CS 85-87
22. CS 87-89
23. CS 90-92
24. CS 92-95
25. CS 95-98
26. CS 98-100
27. CS 100-103
28. CS 104-108
29. CS 108-112
30. CS 112-115
31. CS 115-118

FEBRERO

1. CS 118-121
2. CS 121-124
3. CS 124-128
4. CS 129-132
5. CS 132-135
6. CS 136-138
7. CS 138-142
8. CS 142-147
9. CS 147-150
10. CS 151-154
11. CS 155-157
12. CS 157-160
13. CS 160-163
14. CS 164-166
15. CS 167-170
16. CS 170-172
17. CS 172-176
18. CS 176-178
19. CS 178-181
20. CS 182-185
21. CS 185-188
22. CS 188-190
23. CS 190-192
24. CS 192-195
25. CS 196-200
26. CS 200-205
27. CS 205-210
28. CS 210-214

MARZO

1. CS 214-220
2. CS 220-223
3. CS 224-227
4. CS 227-230
5. CS 230-234

6. CS 234-238
7. CS 238-242
8. CS 242-246
9. CS 246-251
10. CS 278-280
11. CS 280-283
12. CS 283-286
13. CS 287-290
14. CS 290-293
15. CS 293-296
16. CS 296-299
17. CS 299-303
18. CS 303-305
19. CS 305-307
20. CS 308-310
21. CS 310-313
22. CS 313-316
23. CS 316-319
24. CS 319-322
25. CS 322-326
26. CS 326-329
27. CS 329-332
28. CS 333-336
29. CS 336-339
30. CS 339-343
31. CS 344-346

ABRIL

1. CS 346-348
2. CS 348-350
3. CS 350-353
4. CS 353-356
5. CS 357-360
6. CS 360-362
7. CS 363-366
8. CS 366-370
9. CS 370-375
10. CS 376-379
11. CS 379-383
12. CS 383-387
13. CS 387-390
14. CS 391-394
15. CS 394-396
16. CS 396-399
17. CS 399-403
18. CS 404-407
19. CS 407-411
20. CS 411-415
21. CS 415-419
22. CS 419-424
23. CS 425-428
24. CS 429-431
25. CS 431-434
26. CS 434-437
27. CS 498-441
28. CS 442-444
29. CS 444-446
30. CS 446-448

MAYO

1. CS 448-451
2. CS 451-453
3. CS 454-456
4. CS 456-460
5. CS 461-464
6. CS 464-467
7. CS 467-470
8. CS 470-475
9. CS 476-478
10. CS 478-481
11. CS 481-485
12. CS 486-488
13. CS 488-490
14. CS 490-492
15. CS 492-495
16. CS 495-498
17. CS 498-451
18. CS 501-503
19. CS 504-506
20. CS 506-510
21. CS 510-513
22. CS 514-516
23. CS 516-519
24. CS 519-522
25. CS 522-524
26. CS 525-529
27. CS 529-532
28. CS 533-535
29. CS 535-537
30. CS 537-540
31. CS 541-542

JUNIO

1. CS 543-545
2. CS 546-549
3. CS 549-551
4. CS 551-554
5. CS 554-556
6. CS 557-558
7. CS 559-561
8. CS 561-564
9. CS 565-567
10. CS 567-571
11. CS 572-575
12. CS 575-577
13. CS 578-580
14. CS 580-583
15. CS 583-585
16. CS 586-588
17. CS 588-591
18. CS 591-593
19. CS 594-596
20. CS 597-599
21. CS 599-602
22. CS 603-606
23. CS 607-609
24. CS 609-612
25. CS 612-615
26. CS 615-618
27. CS 619-621
28. CS 621-624
29. CS 624-627
30. CS 628-630

JULIO

1. CS 630-634

2. CS 634-638
3. CS 639-641
4. CS 641-644
5. CS 644-646
6. CS 646-650
7. CS 651-653
8. CS 653-655
9. CS 655-658
10. CS 658-660
11. CS 661-664
12. CS 664-667
13. CS 667-670
14. CS 671-673
15. CS 673-676
16. CS 676-679
17. CS 679-682
18. CS 683-687
19. CS 687-689
20. CS 689-692
21. CS 693-695
22. CS 695-697
23. CS 697-699
24. CS 699-702
25. CS 703-705
26. CS 705-708
27. CS 708-710
28. CS 711-714
29. CS 714-719
30. CS 720-723
31. CS 723-726

AGOSTO

1. CS 726-730
2. CS 730-732
3. CS 733-737
4. MC 11-14
5. MC 14-16
6. MC 16-18
7. MC 19-22
8. MC 22-25
9. MC 25-28
10. MC 29-32
11. MC 33-34
12. MC 34-36
13. MC 36-37
14. MC 38-41
15. MC 41-43
16. MC 43-47
17. MC 47-48
18. MC 49-53
19. MC 53-57
20. MC 57-60
21. MC 64-66
22. MC 67-70
23. MC 71-74
24. MC 75-78
25. MC 78-80
26. MC 81-84
27. MC 84-86
28. MC 87-90
29. MC 90-94
30. MC 94-98

SEPTIEMBRE

1. MC 99-102
2. MC 102-105
3. MC 105-107
4. MC 107-109
5. MC 109-112
6. MC 112-115
7. MC 116-118
8. MC 119-120
9. MC 120-123
10. MC 123-126
11. MC 127-129
12. MC 129-132
13. MC 132-135
14. MC 135-137
15. MC 138-139
16. MC 139-142
17. MC 142-144
18. MC 144-146
19. MC 146-148
20. MC 148-150
21. MC 150-152
22. MC 153-154
23. MC 154-156
24. MC 156-158
25. MC 158-159
26. MC 160-161
27. MC 161-164
28. MC 164-166
29. MC 167-169
30. MC 169-170

OCTUBRE

1. MC 171-173
2. MC 173-176
3. MC 176-178
4. MC 179-181
5. MC 181-184
6. MC 185-188
7. MC 188-190
8. MC 190-194
9. MC 194-198
10. MC 198-200
11. MC 201-203
12. MC 203-205
13. MC 206-208
14. MC 208-210
15. MC 211-213
16. MC 213-216
17. MC 216-218
18. MC 219-222
19. MC 222-226
20. MC 227-228
21. MC 229-232
22. MC 232-234
23. MC 235-237
24. MC 237-239
25. MC 240-242
26. MC 242-244
27. MC 245-247
28. MC 247-248
29. MC 248-249
30. MC 250-251

31. MC 251-254

NOVIEMBRE
1. MC 254-257
2. MC 257-258
3. MC 259-261
4. MC 261-263
5. MC 264-266
6. MC 266-268
7. MC 269-270
8. MC 270-272
9. MC 272-274
10. MC 275-277
11. MC 278-280
12. MC 281-282
13. MC 283-286
14. MC 287-289
15. MC 289-291
16. MC 291-292
17. MC 293-295
18. MC 295-297
19. MC 297-299
20. MC 299-300
21. MC 301-303
22. MC 303-304
23. MC 304-306
24. MC 307-309
25. MC 309-312
26. MC 312-314
27. MC 315-317
28. MC 318-320
29. MC 320-323
30. MC 323-326

DICIEMBRE
1. MC 326-328
2. MC 328-330
3. MC 330-333
4. MC 334-336
5. MC 336-339
6. MC 339-342
7. MC 342-345
8. MC 346-347
9. MC 347-350
10. MC 350-352
11. MC 352-354
12. MC 354-356
13. MC 357-359
14. MC 360-363
15. MC 364-366
16. MC 366-369
17. MC 369-371
18. MC 372-374
19. MC 375-378
20. MC 378-380
21. MC 380-383
22. MC 384-386
23. MC 386-388
24. MC 388-390
25. MC 390-394
26. MC 394-396
27. MC 397-400
28. MC 400-402
29. MC 403-405
30. MC 405-408
31. MC 408-413

El Deseado de Todas las Gentes (DTG)
Primeros Escritos (PE)

ENERO
1. DTG 11-13
2. DTG 13-15
3. DTG 15-18
4. DTG 19-21
5. DTG 21-24
6. DTG 24-27
7. DTG 28-29
8. DTG 30-33
9. DTG 34-37
10. DTG 38-40
11. DTG 41-44
12. DTG 44-48
13. DTG 49-52
14. DTG 52-55
15. DTG 56-57
16. DTG 57-61
17. DTG 61-63
18. DTG 64-66
19. DTG 66-68
20. DTG 69-71
21. DTG 72-74
22. DTG 74-77
23. DTG 77-80
24. DTG 80-83
25. DTG 84-86
26. DTG 86-90
27. DTG 90-93
28. DTG 93-96
29. DTG 97-99
30. DTG 100-102
31. DTG 102-105

FEBRERO
1. DTG 106-108
2. DTG 108-110
3. DTG 110-114
4. DTG 114-117
5. DTG 118-120
6. DTG 120-124
7. DTG 124-127
8. DTG 128-130
9. DTG 130-133
10. DTG 133-136
11. DTG 136-139

12. DTG 140-143
13. DTG 143-146
14. DTG 146-149
15. DTG 150-154
16. DTG 155-158
17. DTG 158-160
18. DTG 160-162
19. DTG 162-166
20. DTG 167-168
21. DTG 168-170
22. DTG 171-173
23. DTG 173-176
24. DTG 176-180
25. DTG 180-182
26. DTG 182-184
27. DTG 185-187
28. DTG 187-190

MARZO

1. DTG 190-194
2. DTG 194-197
3. DTG 198-199
4. DTG 199-202
5. DTG 203-204
6. DTG 204-206
7. DTG 207-210
8. DTG 211-212
9. DTG 212-214
10. DTG 214-216
11. DTG 217-219
12. DTG 219-222
13. DTG 222-225
14. DTG 225-226
15. DTG 227-230
16. DTG 230-232
17. DTG 232-235
18. DTG 235-237
19. DTG 238-241
20. DTG 241-243
21. DTG 243-247
22. DTG 248-250
23. DTG 250-252
24. DTG 252-254
25. DTG 254-256
26. DTG 257-259
27. DTG 259-262
28. DTG 262-264
29. DTG 265-268
30. DTG 268-271
31. DTG 271-275

ABRIL

1. DTG 275-278
2. DTG 278-281
3. DTG 282-284
4. DTG 284-287
5. DTG 288-290
6. DTG 290-294
7. DTG 295-296
8. DTG 296-299
9. DTG 300-302
10. DTG 302-304
11. DTG 304-309
12. DTG 310-312
13. DTG 312-314
14. DTG 315-318
15. DTG 318-320
16. DTG 320-325
17. DTG 326-328
18. DTG 329-332
19. DTG 332-336
20. DTG 336-339
21. DTG 340-341
22. DTG 341-342
23. DTG 342-346
24. DTG 347-349
25. DTG 349-352
26. DTG 352-355
27. DTG 355-359
28. DTG 360-363
29. DTG 363-366
30. DTG 366-370

MAYO

1. DTG 371-373
2. DTG 373-377
3. DTG 378-380
4. DTG 380-383
5. DTG 383-387
6. DTG 388-390
7. DTG 390-392
8. DTG 393-396
9. DTG 396-398
10. DTG 399-401
11. DTG 401-404
12. DTG 405-407
13. DTG 407-410
14. DTG 411-412
15. DTG 412-415
16. DTG 415-418
17. DTG 419-421
18. DTG 421-424
19. DTG 424-428
20. DTG 428-431
21. DTG 431-434
22. DTG 434-437
23. DTG 437-441
24. DTG 442-443
25. DTG 443-445
26. DTG 445-448
27. DTG 449-450
28. DTG 450-452
29. DTG 452-456
30. DTG 456-459
31. DTG 460-463

JUNIO

1. DTG 463-466
2. DTG 467-468
3. DTG 468-471
4. DTG 472-475
5. DTG 475-477
6. DTG 477-481
7. DTG 482-484
8. DTG 484-488

9. DTG 488-491
10. DTG 491-496
11. DTG 496-500
12. DTG 501-502
13. DTG 502-505
14. DTG 506-510
15. DTG 511-513
16. DTG 514-516
17. DTG 516-520
18. DTG 520-524
19. DTG 524-528
20. DTG 528-532
21. DTG 533-535
22. DTG 535-537
23. DTG 537-539
24. DTG 540-542
25. DTG 542-545
26. DTG 546-549
27. DTG 549-552
28. DTG 553-555
29. DTG 555-558
30. DTG 558-561

JULIO

1. DTG 562-564
2. DTG 564-566
3. DTG 566-570
4. DTG 570-573
5. DTG 574-576
6. DTG 576-580
7. DTG 581-583
8. DTG 583-586
9. DTG 586-591
10. DTG 592-594
11. DTG 594-597
12. DTG 598-601
13. DTG 601-603
14. DTG 604-607
15. DTG 608-609
16. DTG 609-612
17. DTG 612-614
18. DTG 614-616
19. DTG 617-619
20. DTG 619-622
21. DTG 622-625
22. DTG 625-627
23. DTG 627-630
24. DTG 630-632
25. DTG 632-635
26. DTG 636-637
27. DTG 638-639
28. DTG 639-642
29. DTG 642-644
30. DTG 644-646
31. DTG 647-649

AGOSTO

1. DTG 650-652
2. DTG 652-654
3. DTG 654-656
4. DTG 656-659
5. DTG 659-662
6. DTG 663-666
7. DTG 666-668
8. DTG 668-670
9. DTG 671-673
10. DTG 673-676
11. DTG 676-679
12. DTG 680-682
13. DTG 682-684
14. DTG 684-686
15. DTG 686-689
16. DTG 690-692
17. DTG 692-696
18. DTG 696-698
19. DTG 699-704
20. DTG 704-707
21. DTG 707-710
22. DTG 710-713
23. DTG 714-716
24. DTG 717-720
25. DTG 720-723
26. DTG 723-726
27. DTG 727-730
28. DTG 730-733
29. DTG 733-737
30. DTG 738-739
31. DTG 739-742

SEPTIEMBRE

1. DTG 743-746
2. DTG 746-748
3. DTG 749-750
4. DTG 750-751
5. DTG 752-756
6. DTG 757-759
7. DTG 759-762
8. DTG 762-764
9. DTG 765-768
10. DTG 769-770
11. DTG 770-772
12. DTG 772-775
13. PE 11-13
14. PE 13-16
15. PE 16-20
16. PE 20-22
17. PE 22-24
18. PE 32-33
19. PE 33-35
    (N.° 1) 85-86
20. PE 36-38
21. PE 39-41
22. PE 42-43
23. PE 43-45
24. PE 46-48
25. PE 48-50
26. PE 50-52
27. (N.° 6), 93-95
28. PE 52-54
29. PE 54-56,
    Nota 5, 92
30. PE 56-58

OCTUBRE

1. PE 59-60
2. (N.° 4), 86-89

3. PE 90-92
4. PE 61-64
5. PE 64-65
6. PE 65-67
7. PE 68-69
8. PE 69-71
9. PE 72-73
10. PE 74-76
11. PE 76-78
12. PE 78-81
13. PE 82-83
14. PE 97-98
15. PE 98-100
16. PE 100-102
17. PE 102-104
18. PE 104-107
19. PE 107-110
20. PE 111-114
21. PE 114-116
22. PE 116-118
23. PE 118-121
24. PE 121-122
25. PE 123-125
26. PE 125-127
27. PE 133-135
28. PE 135-137
29. PE 137-140
30. PE 140-144
31. PE 145-147

NOVIEMBRE

1. PE 147-149
2. PE 149-150
3. PE 150-152
4. PE 153-155
5. PE 155-158
6. PE 158-161
7. PE 162-164
8. PE 165-166
9. PE 166-168
10. PE 169-171
11. PE 171-173
12. PE 173-175
13. PE 175-178
14. PE 178-181
15. PE 181-184
16. PE 184-187
17. PE 187-190
18. PE 190-191
19. PE 192-194
20. PE 194-197
21. PE 197-199
22. PE 200-201
23. PE 202-205
24. PE 206-209
25. PE 210-211
26. PE 211-213
27. PE 213-215
28. PE 215-217
29. PE 218-219
30. PE 219-222

DICIEMBRE

1. PE 222-224
2. PE 224-226
3. PE 226-228
4. PE 229-230
5. PE 230-232
6. PE 232-234
7. PE 234-327
8. PE 237-239
9. PE 240-242
10. PE 243-244
11. PE 245-247
12. PE 247-249
13. PE 250-251
14. PE 251-253
15. PE 254-256
16. PE 256-258
17. PE 258-261
18. PE 262-264
19. PE 264-266
20. PE 266-269
21. PE 269-271
22. PE 272-274
23. PE 274-276
24. PE 277-279
25. PE 279-282
26. PE 282-284
27. PE 285-287
28. PE 287-289
29. PE 289-291
30. PE 292-294
31. PE 294-295

Palabras de Vida del Gran Maestro (PVGM) *Los Hechos de los Apóstoles* (HAp)

ENERO

1. PVGM 8-10
2. PVGM 10-11
3. PVGM 11-12
4. PVGM 12-13
5. PVGM 13-14
6. PVGM 14-15
7. PVGM 16-17
8. PVGM 17-19
9. PVGM 20-22
10. PVGM 22-25
11. PVGM 25-27
12. PVGM 27-30
13. PVGM 30-33
14. PVGM 33-36

15. PVGM 36-38
16. PVGM 38-41
17. PVGM 43-45
18. PVGM 45-47
19. PVGM 47-49
20. PVGM 49-52
21. PVGM 52-54
22. PVGM 54-57
23. PVGM 58-60
24. PVGM 60-62
25. PVGM 63-66
26. PVGM 66-67
27. PVGM 68
28. PVGM 69-70
29. PVGM 70-72
30. PVGM 72-74
31. PVGM 75-78

FEBRERO

1. PVGM 78-81
2. PVGM 81-84
3. PVGM 84-87
4. PVGM 87-89
5. PVGM 90-92
6. PVGM 93-94
7. PVGM 95-97
8. PVGM 98-100
9. PVGM 100-103
10. PVGM 103-104
11. PVGM 105
12. PVGM 105-107
13. PVGM 108-110
14. PVGM 110-113
15. PVGM 114-116
16. PVGM 117-120
17. PVGM 120-122
18. PVGM 122-125
19. PVGM 125-128
20. PVGM 129-131
21. PVGM 132-134
22. PVGM 135-136
23. PVGM 137-139
24. PVGM 139-142
25. PVGM 142-143
26. PVGM 144
27. PVGM 144-147
28. PVGM 147-150

MARZO

1. PVGM 150-152
2. PVGM 153-155
3. PVGM 156-158
4. PVGM 158-160
5. PVGM 160-162
6. PVGM 162-164
7. PVGM 165-167
8. PVGM 167-170
9. PVGM 170-172
10. PVGM 173-174
11. PVGM 175-177
12. PVGM 178-179
13. PVGM 180-183
14. PVGM 183-185
15. PVGM 185-188
16. PVGM 188-189
17. PVGM 190
18. PVGM 190-192
19. PVGM 192-194
20. PVGM 195-197
21. PVGM 198-200
22. PVGM 200-202
23. PVGM 202-204
24. PVGM 204-206
25. PVGM 206-209
26. PVGM 210-212
27. PVGM 212-216
28. PVGM 216-218
29. PVGM 218-220
30. PVGM 220-223
31. PVGM 224-227

ABRIL

1. PVGM 227-229
2. PVGM 229-232
3. PVGM 232-235
4. PVGM 235-238
5. PVGM 238-240
6. PVGM 241-243
7. PVGM 243-246
8. PVGM 247-249
9. PVGM 249-251
10. PVGM 251-254
11. PVGM 254-257
12. PVGM 257-260
13. PVGM 261
14. PVGM 261-262
15. PVGM 262-264
16. PVGM 264-266
17. PVGM 266-269
18. PVGM 269-272
19. PVGM 273-275
20. PVGM 276-278
21. PVGM 279-281
22. PVGM 281-284
23. PVGM 284-286
24. PVGM 286-288
25. PVGM 288-291
26. PVGM 291-294
27. PVGM 295-297
28. PVGM 297-300
29. PVGM 301-303
30. PVGM 303-306

MAYO

1. PVGM 307-308
2. PVGM 310-312
3. PVGM 312-314
4. PVGM 314-317
5. PVGM 317-321
6. PVGM 322-324
7. PVGM 324-327
8. PVGM 328-330
9. PVGM 330-334
10. PVGM 335-338
11. PVGM 338-340
12. PVGM 341-343

13. PVGM 343-347
14. HAp 9-10
15. HAp 10-12
16. HAp 13-14
17. HAp 15-16
18. HAp 16-18
19. HAp 18-20
20. HAp 21-22
21. HAp 23-24
22. HAp 24-26
23. HAp 26-28
24. HAp 29-30
25. HAp 31-33
26. HAp 33-35
27. HAp 35-38
28. HAp 39-41
29. HAp 41-43
30. HAp 43-46
31. HAp 47-48

JUNIO

1. HAp 49-50
2. HAp 50-52
3. HAp 52-54
4. HAp 54-57
5. HAp 58-60
6. HAp 60-61
7. HAp 61-63
8. HAp 64-66
9. HAp 66-68
10. HAp 68-71
11. HAp 72-74
12. HAp 74-76
13. HAp 76-78
14. HAp 78-79
15. HAp 80-81
16. HAp 81-82
17. HAp 82-84
18. HAp 85-87
19. HAp 87-89
20. HAp 89-91
21. HAp 92-93
22. HAp 94-96
23. HAp 96-98
24. HAp 98-100
25. HAp 101-103
26. HAp 103-104
27. HAp 105-106
28. HAp 107-108
29. HAp 108-110
30. HAp 111-112

JULIO

1. HAp 113-115
2. HAp 116-118
3. HAp 118-120
4. HAp 120-122
5. HAp 122-125
6. HAp 126-128
7. HAp 128-130
8. HAp 130-132
9. HAp 132-134
10. HAp 135-137
11. HAp 137-139
12. HAp 139-140
13. HAp 140-143
14. HAp 144-146
15. HAp 146-148
16. HAp 148-150
17. HAp 150-152
18. HAp 153-155
19. HAp 155-157
20. HAp 157-159
21. HAp 159-161
22. HAp 161-163
23. HAp 164-166
24. HAp 166-167
25. HAp 167-168
26. HAp 168-171
27. HAp 172-173
28. HAp 173-175
29. HAp 176-179
30. HAp 180-181
31. HAp 181-182

AGOSTO

1. HAp 182-184
2. HAp 184-185
3. HAp 185-187
4. HAp 188-190
5. HAp 190-191
6. HAp 191-192
7. HAp 192-194
8. HAp 194-197
9. HAp 198-200
10. HAp 200-201
11. HAp 201-203
12. HAp 203-204
13. HAp 204-206
14. HAp 207-209
15. HAp 209-210
16. HAp 210-212
17. HAp 212-214
18. HAp 214-215
19. HAp 215-217
20. HAp 218-220
21. HAp 220-222
22. HAp 222-224
23. HAp 224-227
24. HAp 228-230
25. HAp 230-231
26. HAp 231-234
27. HAp 234-235
28. HAp 236-238
29. HAp 238-240
30. HAp 241-242
31. HAp 242-245

SEPTIEMBRE

1. HAp 245-247
2. HAp 247-248
3. HAp 249-250
4. HAp 251-252
5. HAp 253-255
6. HAp 255-257
7. HAp 257-259
8. HAp 260-262

9. HAp 262-264
10. HAp 264-265
11. HAp 266-267
12. HAp 267-269
13. HAp 270-271
14. HAp 272-274
15. HAp 274-276
16. HAp 276-278
17. HAp 279-281
18. HAp 281-282
19. HAp 282-284
20. HAp 284-286
21. HAp 286-288
22. HAp 289-290
23. HAp 291-292
24. HAp 292-293
25. HAp 294-295
26. HAp 296-298
27. HAp 299-301
28. HAp 301-302
29. HAp 302-304
30. HAp 304-306

OCTUBRE

1. HAp 307-308
2. HAp 308-310
3. HAp 310-311
4. HAp 312-314
5. HAp 314-315
6. HAp 315-316
7. HAp 316-319
8. HAp 320-322
9. HAp 322-324
10. HAp 324-326
11. HAp 326-328
12. HAp 328-329
13. HAp 329-330
14. HAp 330-332
15. HAp 332-334
16. HAp 335-336
17. HAp 336-338
18. HAp 338-339
19. HAp 340-341
20. HAp 342-344
21. HAp 344-345
22. HAp 346-347
23. HAp 347-348
24. HAp 348-350
25. HAp 351
26. HAp 352-353
27. HAp 354
28. HAp 354-356
29. HAp 357-358
30. HAp 358-360
31. HAp 360-361

NOVIEMBRE

1. HAp 361-362
2. HAp 362-364
3. HAp 364-366
4. HAp 366-367
5. HAp 368-370
6. HAp 370-371
7. HAp 371-373
8. HAp 374-375
9. HAp 375-376
10. HAp 377-378
11. HAp 378-380
12. HAp 380-381
13. HAp 381-383
14. HAp 383-385
15. HAp 385-386
16. HAp 387-388
17. HAp 388-389
18. HAp 390-391
19. HAp 392-393
20. HAp 393-394
21. HAp 394-396
22. HAp 397-399
23. HAp 399-401
24. HAp 401-403
25. HAp 403-405
26. HAp 406-408
27. HAp 408-409
28. HAp 410-412
29. HAp 412-414
30. HAp 414-416

DICIEMBRE

1. HAp 417-419
2. HAp 419-421
3. HAp 422-423
4. HAp 424-425
5. HAp 425-427
6. HAp 427-429
7. HAp 430-432
8. HAp 432-433
9. HAp 434-435
10. HAp 436-438
11. HAp 438-440
12. HAp 440-441
13. HAp 442-444
14. HAp 445-446
15. HAp 446-449
16. HAp 449-451
17. HAp 451-453
18. HAp 454-455
19. HAp 455-457
20. HAp 457-549
21. HAp 459-461
22. HAp 462-464
23. HAp 464-466
24. HAp 466-467
25. HAp 468-469
26. HAp 469-471
27. HAp 471-473
28. HAp 474-476
29. HAp 476-477
30. HAp 478-480
31. HAp 480-481

Servicio Cristiano (SC)
Profetas y Reyes (PR)

ENERO

1. SC 11-13
2. SC 14-17
3. SC 18-20
4. SC 21-24
5. SC 24-28
6. SC 28-32
7. SC 32-35
8. SC 36-39
9. SC 40-43
10. SC 43-46
11. SC 47-50
12. SC 50-54
13. SC 54-57
14. SC 57-61
15. SC 61-65
16. SC 65-69
17. SC 70-73
18. SC 74-77
19. SC 77-81
20. SC 82-85
21. SC 86-89
22. SC 89-92
23. SC 93-95
24. SC 95-99
25. SC 99-103
26. SC 103-107
27. SC 107-110
28. SC 111-114
29. SC 114-118
30. SC 118-120
31. SC 120-123

FEBRERO

1. SC 123-126
2. SC 126-130
3. SC 130-134
4. SC 134-138
5. SC 138-141
6. SC 142-144
7. SC 145-148
8. SC 149-152
9. SC 152-155
10. SC 155-158
11. SC 159-161
12. SC 161-164
13. SC 165-168
14. SC 168-172
15. SC 172-175
16. SC 176-178
17. SC 178-182
18. SC 182-186
19. SC 186-190
20. SC 190-192
21. SC 193-196
22. SC 196-199
23. SC 200-202
24. SC 202-207
25. SC 208-210
26. SC 210-214
27. SC 214-218
28. SC 218-221

MARZO

1. SC 222-225
2. SC 225-228
3. SC 228-232
4. SC 232-235
5. SC 236-239
6. SC 239-242
7. SC 242-246
8. SC 247-250
9. SC 251-254
10. SC 254-256
11. SC 256-260
12. SC 261-265
13. SC 266-268
14. SC 269-272
15. SC 272-276
16. SC 277-279
17. SC 280-283
18. SC 283-288
19. SC 288-291
20. SC 291-295
21. SC 295-298
22. SC 298-302
23. SC 303-308
24. SC 308-312
25. SC 312-316
26. SC 317-320
27. SC 321-324
28. SC 325-327
29. SC 328-330
30. SC 331-335
31. SC 336-339

ABRIL

1. PR 11-12
2. PR 12-13
3. PR 13-14
4. PR 14-16
5. PR 17
6. PR 17-18
7. PR 18-20
8. PR 20-21
9. PR 21-22
10. PR 22-24
11. PR 25-26
12. PR 26-28
13. PR 28-29
14. PR 29-30
15. PR 31
16. PR 31-32
17. PR 32-34
18. PR 34-35
19. PR 36-37
20. PR 37-38

21. PR 39-40
22. PR 40-42
23. PR 42-43
24. PR 44-45
25. PR 45-46
26. PR 47-48
27. PR 48-50
28. PR 50-51
29. PR 51-52
30. PR 53-54

MAYO

1. PR 55-56
2. PR 56-58
3. PR 58-59
4. PR 59-60
5. PR 61-62
6. PR 62-63
7. PR 64-65
8. PR 65-66
9. PR 67
10. PR 68-69
11. PR 69-70
12. PR 71-72
13. PR 73-74
14. PR 74-75
15. PR 75
16. PR 76-77
17. PR 77-79
18. PR 80-81
19. PR 81-82
20. PR 83-84
21. PR 85
22. PR 86
23. PR 87-88
24. PR 88-89
25. PR 89-90
26. PR 90-91
27. PR 92-93
28. PR 94-95
29. PR 95-96
30. PR 97-98
31. PR 98-100

JUNIO

1. PR 100-101
2. PR 101-103
3. PR 103-105
4. PR 106
5. PR 107
6. PR 108
7. PR 109-110
8. PR 111-112
9. PR 112-113
10. PR 114-115
11. PR 115-116
12. PR 117-118
13. PR 118-119
14. PR 119-120
15. PR 120-122
16. PR 123-124
17. PR 124-126
18. PR 126-127
19. PR 127-129
20. PR 129-131
21. PR 132-133
22. PR 133-134
23. PR 134-135
24. PR 135-136
25. PR 137-138
26. PR 139
27. PR 140-142
28. PR 142-144
29. PR 144
30. PR 144-145

JULIO

1. PR 145-147
2. PR 147-148
3. PR 148-149
4. PR 150-152
5. PR 152-153
6. PR 154-155
7. PR 155-156
8. PR 157-158
9. PR 158-159
10. PR 160-161
11. PR 162-163
12. PR 163-164
13. PR 165-166
14. PR 166-167
15. PR 168-169
16. PR 169-171
17. PR 172-173
18. PR 173-175
19. PR 175-177
20. PR 178-180
21. PR 180-182
22. PR 182-184
23. PR 185-186
24. PR 186-188
25. PR 189-190
26. PR 190-192
27. PR 192-194
28. PR 194-196
29. PR 197-198
30. PR 199-201
31. PR 201-203

AGOSTO

1. PR 204-205
2. PR 206-208
3. PR 209-210
4. PR 211-213
5. PR 213-215
6. PR 216-222
7. PR 223-224
8. PR 225-227
9. PR 227-229
10. PR 230-232
11. PR 232-234
12. PR 234-235
13. PR 235-237
14. PR 238-239
15. PR 240-242
16. PR 242-244

17. PR 245-247
18. PR 247-249
19. PR 249-251
20. PR 252-253
21. PR 254-256
22. PR 256-258
23. PR 259-261
24. PR 261-263
25. PR 263-265
26. PR 265-266
27. PR 266-268
28. PR 269-271
29. PR 272-273
30. PR 274-276
31. PR 277-279

SEPTIEMBRE

1. PR 279-280
2. PR 281-282
3. PR 283-284
4. PR 285-287
5. PR 287-288
6. PR 289-290
7. PR 290-292
8. PR 292-293
9. PR 294-295
10. PR 296-297
11. PR 297-298
12. PR 299-301
13. PR 302-304
14. PR 304-306
15. PR 306-308
16. PR 309-310
17. PR 311-313
18. PR 313-316
19. PR 316-318
20. PR 318-320
21. PR 320-322
22. PR 322-324
23. PR 324-326
24. PR 327-329
25. PR 329-331
26. PR 331-333
27. PR 333-336
28. PR 336-338
29. PR 338-340
30. PR 340-342

OCTUBRE

1. PR 342-343
2. PR 344-345
3. PR 345-347
4. PR 348-350
5. PR 351
6. PR 351-352
7. PR 352-355
8. PR 355-357
9. PR 358-360
10. PR 361-362
11. PR 362-363
12. PR 363-365
13. PR 366-368
14. PR 369-370
15. PR 371-373
16. PR 373-375
17. PR 375-377
18. PR 377-379
19. PR 380-382
20. PR 382-385
21. PR 385-386
22. PR 386-388
23. PR 388-390
24. PR 390-393
25. PR 393-395
26. PR 396-397
27. PR 397-399
28. PR 399-402
29. PR 402-403
30. PR 404-405
31. PR 405-408

NOVIEMBRE

1. PR 408-410
2. PR 410-411
3. PR 411-413
4. PR 414-416
5. PR 416-418
6. PR 418-421
7. PR 421-423
8. PR 424-425
9. PR 426-428
10. PR 428-430
11. PR 430-432
12. PR 433-435
13. PR 436-438
14. PR 438-440
15. PR 440-442
16. PR 443
17. PR 444-445
18. PR 446-448
19. PR 448-451
20. PR 451-454
21. PR 455-456
22. PR 456-458
23. PR 459-461
24. PR 461-464
25. PR 464-466
26. PR 466-468
27. PR 469-471
28. PR 471-473
29. PR 473-474
30. PR 475-476

DICIEMBRE

1. PR 477-480
2. PR 480-482
3. PR 483-485
4. PR 485-486
5. PR 486-488
6. PR 489-490
7. PR 490-492
8. PR 492-493
9. PR 494-497
10. PR 498-501
11. PR 502
12. PR 503-504

13. PR 504-506
14. PR 507-509
15. PR 509-511
16. PR 512-513
17. PR 514-516
18. PR 516-518
19. PR 519-521
20. PR 521-523
21. PR 524-525
22. PR 525-526
23. PR 526-528
24. PR 528-529
25. PR 530-531
26. PR 531-532
27. PR 533-534
28. PR 534-535
29. PR 535-537
30. PR 537-539
31. PR 540-542

APENDICE C

Ideas Para el Enfasis Espiritual en la Iglesia

PASTORES

Los pastores pueden motivar a los miembros de iglesia a estudiar la Biblia y el espíritu de profecía siendo un ejemplo para ser imitado. Ellos pueden:

- Pasar más tiempo leyendo la Biblia y el espíritu de profecía para alimentar sus propias almas.
- Escuchar la lectura de la Biblia y el espíritu de profecía en audiocasetes mientras viajan entre una cita y otra.
- Escuchar buenas exposiciones de sermones en audiocasetes mientras viajan entre una cita y otra. (Por ejemplo, un audiocasete del club del mes, etc).
- Experimentar con nuevos pasajes de la Escritura para sus congregaciones haciendo más predicación expositiva.
- Asistir a seminarios de predicación en un programa de educación continuada.
- Repasar periódicamente los libros *Testimonios para los Ministros*, *Ministerio Pastoral* y *El Evangelismo*.

CONGREGACIONES LOCALES

Los pastores pueden animar a sus congregaciones en el uso de la Biblia y el espíritu de profecía durante el servicio de adoración. Cada congregación puede:

- Animar a las familias una y otra vez a traer sus Biblias a la iglesia y seguir los pasajes de la Biblia cuando son leídos desde el púlpito.
- Colocar Biblias en los bancos o donde la congregación lo desee, esto animará a cada miembro de la iglesia a usar la Biblia durante el culto.
- Entrenar a los ancianos locales para leer la Escritura comprensiblemente durante los cultos de adoración.
- Entrenar a la congregación en los varios métodos de lectura antifonal de las Escrituras.
- Incluir en el boletín de la iglesia citas del espíritu de profe-

cía relacionadas con el tópico del sermón. Las citas podrían ser leídas públicamente algunas veces durante el servicio.

- Incluir en el boletín de la iglesia referencias a fuentes adicionales del espíritu de profecía relacionadas con el sermón.
- Conceder tiempo a los miembros para testificar acerca de porciones de la Biblia o el espíritu de profecía que les proporcionaron bendiciones durante la semana.
- Iniciar grupos de lectura en los que se lean capítulos o libros pequeños de la Biblia con poco o ningún comentario.
- Dar consideración a la lectura inductiva de la Biblia.

LAS ASOCIACIONES LOCALES

Las asociaciones locales pueden ayudar a facilitar un retorno al estudio de la Biblia y el espíritu de profecía. Cada asociación puede:

- Desafiar a los pastores a hacer más predicación expositiva.
- Duplicar y circular grabaciones de exposición de sermones sobresalientes a cargo de pastores locales.
- Dedicar ocasionalmente las reuniones de pastores para inspirarlos a hacer más predicación expositiva.
- Escoger un libro del espíritu de profecía cada año y enviar un cupón de descuento a los miembros para que lo adquieran en la agencia de publicación (ABC) de su Asociación.
- Dar a cada nuevo miembro bautizado un cupón de descuento para adquirir un libro del espíritu de profecía de su elección en la agencia de publicaciones (ABC) de su Asociación. El cupón debiera ser incluído en el sobre de la carta que el presidente de la Asociación les envía a los nuevos miembros al darles la bienvenida a la familia de la Asociación.
- Incluir demostraciones del poder de la lectura de la Biblia en reuniones de pastores y convenciones de maestros.
- Establecer una mejor comunicación con los miembros de la iglesia acerca de los descuentos y las promociones de los libros del espíritu de profecía. Los nuevos miembros necesitan de manera especial ser informados acerca de tales descuentos y promociones.
- Ligar los descuentos de los libros del espíritu de profecía directamente con los programas de estudio.
- El disponer de un libro guía impreso para acompañar los libros del espíritu de profecía promovidos puede ayudar a algunas personas a leer los libros que han comprado.

LECCION TRIMESTRAL DE LA ESCUELA SABATICA

Debido a que el estudio de la lección semanal de la Escuela Sabática es el único estudio bíblico formal que muchas personas hacen durante la semana, y debido a que sólo a través del conocimiento de la Biblia y de los consejos emanados del espíritu de profecía podrá el pueblo de Dios mantenerse afirmado en la verdad ante las artimañas del enemigo al fin del gran conflicto, es urgente que:

- Todos los miembros de iglesia sean animados a participar en el estudio diario.
- Se debe añadir una página adicional a cada lección la cual contenga citas apropiadas del espíritu de profecía. Esta página adicional del espíritu de profecía no debe sustituir a la lectura sugerente del espíritu de profecía al comienzo de la página del viernes. Mientras que la leyenda: "Guía de estudio de la Biblia para la Escuela Sabática" ha sido añadida a la cubierta de la lección de adultos, las citas del espíritu de profecía son consideradas herramientas para ser usadas dentro de esta guía.
- Considerar el que sea usado un formato expositivo para el estudio de la Biblia al menos en dos de los cuatro trimestres del año. Generalmente el plan de estudio de cada semana es temático. Esto puede ser útil para el estudio de algunos temas. Siguiendo un formato expositivo, los miembros de la Escuela Sabática podrán beneficiarse del estudio profundo de los pasajes bíblicos.

CLASES DE ESCUELA SABATICA

En lo concerniente al programa de Escuela Sabática para adultos, hemos sido instruidos en el sentido de que ésta debería ser la principal agencia ganadora de almas. Cada escuela sabática puede:

- Experimentar con el esquema de la Escuela Sabática en acción para dirigir el programa de adultos. Este modelo de grupo pequeño podría no sólo animar grandemente la participación de los miembros de la clase en la discusión relativa a la lección, sino también movilizar a cada adulto de la clase para la atención de cada miembro, restauración de la misión de los miembros y la ganancia de almas.

APENDICE D

Plan de Estudio de Enfasis Espiritual para Escuelas Primarias y Secundarias

PERSONAL DOCENTE DE LAS ESCUELAS PRIMARIAS Y SECUNDARIAS

A fin de nutrir y profundizar el compromiso espiritual con el Señor y su iglesia, los directores y maestros de las escuelas pueden:

- Dedicar tiempo individualmente al estudio de la Biblia y el espíritu de profecía para nutrir sus propias almas.
- Entrenar a los estudiantes a fin de que puedan leer las Escrituras comprensiblemente en público.
- Repasar periódicamente los libros *La educación*, *Fundamentos de Educación Cristiana*, y *Consejos para los padres, maestros y estudiantes*.
- Escuchar audiocasetes de la Biblia y el espíritu de profecía en el automóvil o en la casa.
- Obtener un programa de descuento como incentivo para conseguir los libros del espíritu de profecía. Este descuento podría ser ofrecido y costeado por medio de la Unión, la Asociación, la agencia local de publicaciones y las casas publicadoras.
- Organizar equipos de oración con otros miembros del personal docente para orar por los estudiantes y por ellos mismos.
- Usar al menos un libro del espíritu de profecía al año en el programa de lectura para el enriquecimiento del magisterio.
- Celebrar cada mañana el culto para el personal docente y empleados de la escuela. Esto debería incluir el estudio y la discusión de la Biblia y el espíritu de profecía.

EL AULA DE CLASES DE LAS ESCUELAS PRIMARIAS Y SECUNDARIAS

Con la esperanza de animar a los maestros a motivar mejor a sus estudiantes a estudiar la Biblia y el espíritu de profecía, las escuelas pueden:

• Aumentar el uso de la Biblia y el espíritu de profecía en el plan formal de estudios para que los maestros puedan utilizar estos recursos vitales en el salón de clases.

• Usar más el espíritu de profecía y libros acerca de Elena G. de White en la lectura asignada a los estudiantes.

• Preparar guías de estudio para jóvenes de los libros señalados arriba.

• Animar a los padres a que obsequien a sus hijos en su cumpleaños o en Navidad libros del espíritu de profecía junto con otros regalos. Los jóvenes leerán más si disponen de sus propios libros, y más pronto ellos podrán disponer de una biblioteca completa que sea suya.

LIBROS ACERCA DE ELENA G. DE WHITE DISPONIBLES PARA LOS JOVENES (EN INGLES)

CharlieHorse / Mrs. White's Sock
Tig's tale/Where's Moo Cow?
Ellen: The Girl With Two Angels
God Spoke To a Girl
Stories of My Grandmother
Meeting Ellen G. White
Reading Ellen G. White
Ellen White's World

NUEVOS LIBROS ACERCA DE ELENA G. DE WHITE EN PREPARACION

Why Betsy Laughed/Camp Meeting Angel
The Great Controversy (El tema del gran conflicto para niños, en inglés)

APENDICE E

Plan de Estudio de Enfasis Espiritual para la Familia

Se debe destacar la nutrición espiritual de individuos y familias. Las familias pueden:

- Tener cultos familiares diarios.
- Dedicar horas específicas para cultos matutinos y vespertinos, reconociendo que esto podría implicar algunos cambios en los horarios de miembros individuales de la familia de manera que se satisfaga esta prioridad espiritual crucial.
- Orar durante el culto familiar no sólo por las necesidades de cada miembro de la familia, sino también por las necesidades de la congregación local, al igual que por la obra de la Iglesia Adventista alrededor del mundo.
- Estudiar la lección de Escuela Sabática diariamente, incluyendo los materiales apropiados que han sido preparados especialmente para los niños y los jóvenes. Esto puede hacerse como parte del culto familiar de la mañana o la noche, o en algún otro momento durante el día.
- Dedicar tiempo personal de calidad cada día al estudio de la Biblia y el espíritu de profecía además del culto familiar diario. La cantidad de tiempo disponible para este estudio personal variará según el horario diario de cada individuo.

Mi Pacto

Comprendiendo la urgencia de los tiempos, el rápido cumplimiento de las profecías bíblicas, y mi necesidad personal y de la iglesia de un reavivamiento y una reforma...

POR LA GRACIA DE DIOS Y MEDIANTE SU PODER CAPACITADOR...

- **ESTUDIARE** con oración cada día la Biblia y los escritos del espíritu de profecía.
- **ORARE** con fervor cada día en busca del PODER prometido del ESPIRITU SANTO, para el reavivamiento, la reforma y la cosecha final.
- **COMPARTIRE** con gozo con otros, en cada oportunidad posible, MI EXPERIENCIA CON CRISTO, los cambios que su amor ha efectuado en mi vida, y la esperanza que da para el futuro.
- ¡**SERVIRE** con amor a JESUCRISTO como mi Señor y Salvador, y mediante su poder prepararé mi vida para su pronto retorno!

Nombre ______________________________ Fecha ______________